YAMYAM FOODS

einfach asiatisch kochen

XIAN HEINRICH

YAMYAM FOODS

einfach asiatisch kochen

EMF

EIN BUCH DER
EDITION MICHAEL FISCHER

INHALT

GRUNDLAGEN

CHINA

PAK CHOI MIT SHIITAKE-PILZEN S.26

DIM SUM

JAPAN

RAMEN S.96

CHEESE BULDAK S.120

KOREA

THAILAND

PAPAYA-SALAT S.128

VIETNAMESISCHE SOMMERROLLEN S.152

VIETNAM

VORWORT

Ich bin in Shanghai (China) geboren und habe dort auch meine Kindheit verbracht. Als Teenager bin ich mit meinen Eltern nach Deutschland gekommen und hier haben sie mir auch den Rufnamen „Jenny“ gegeben, weil es einfacher auszusprechen ist als mein chinesischer Name. Bis heute nennen mich alle meine Freunde noch so. Mein richtiger Name ist aber eigentlich Xian (弦) und mein vollständiger Name bedeutet auf Chinesisch „goldene Saite“. Meine Eltern wollten wohl, dass ich ein Saiteninstrument erlerne, und so spielte ich auch tatsächlich Geige und Klavier. Doch eigentlich schlug mein Herz schon immer für die Kochkunst.

Bereits als kleines Kind durfte ich meiner Mama und auch meiner Oma in der Küche über die Schulter schauen und beim Kochen mithelfen, wobei ich da auch oft und gerne genascht habe. In Deutschland haben meine Eltern etliche Restaurants geführt und auch dort habe ich gern ausgeholfen. Ich ergriff später zwar einen anderen Beruf, doch das Interesse und die Faszination für die asiatische Küche blieb weiterhin bestehen. Schließlich habe ich 2016 mit meinem YouTube-Kanal „yamyamfoods“ gestartet, da ich meine Leidenschaft für das Kochen mit allen teilen sowie auch die asiatische Kochkunst meinen Abonnenten ein Stückchen näherbringen wollte.

Dieses Buch ist ein Herzensprojekt von mir und enthält alle meine Lieblingsrezepte. Ich möchte euch damit auf eine kulinarische Reise durch das ferne Asien mitnehmen.

Ich wünsche euch viel Spaß beim Ausprobieren und Nachkochen!

Eure Jenny

WISSENSWERTES ÜBER

REIS

Reis ist in Asien ein Grundnahrungsmittel und wird fast zu jeder Mahlzeit gereicht. Weltweit gibt es über 100.000 verschiedene Reissorten. Unterschieden wird grundsätzlich zwischen Rundkorn- (< 5,2 mm), Mittelkorn- (5,2–6 mm) und Langkornreis (> 6 mm). Dabei enthält der Rundkornreis am meisten Amylopektin (unlösliche Stärke) und klebt demnach auch mehr nach dem Kochen. Unterschiede gibt es ebenso in der Verarbeitung: Im Gegensatz zu geschältem Reis (auch polierter oder weißer Reis genannt) wird der Keimling und das Silberhäutchen bei Vollkornreis nicht entfernt. Deshalb enthält er mehr wertvolle Vitamine und Mineralien und hält länger satt. Parboiled Reis hingegen ist ein vorgekochter Reis, der vor dem Schälen durch ein spezielles Verfahren (Parboiling-Verfahren) behandelt wird, sodass die Nährstoffe ins Innere des Reiskorns gelangen. Diese Reisart besitzt mehr Nährstoffe als weißer Reis und benötigt nicht so lang zum Kochen wie Vollkornreis. Dennoch bin ich kein Fan von ihm, da durch die Vorbehandlung viel Geschmack und Aroma verloren geht. Hier stelle ich euch ein paar meiner Lieblings-Reissorten vor.

BASMATIREIS

Langkorn, weißer Reis
Geschmack: erdiges Aroma
Konsistenz: locker, leicht bissfest
Kochzeit: 15 Minuten
Reis-Wasser-Verhältnis: 1:1,5
Hierzulande sehr beliebt. Passt auch zu indischen Gerichten und vielem mehr.

NATURREIS

Rund- oder Langkorn, Vollkornreis
Geschmack: kräftiges Aroma, leicht süßlich
Konsistenz: bissfest
Kochzeit: 30 Minuten
Reis-Wasser-Verhältnis: 1:2
Ideal als Beilage zu Fisch, Fleisch und Gemüse.

SUSHI-REIS

Rundkorn, weißer Reis
Geschmack: süßliches Aroma
Konsistenz: weich, leicht klebrig
Kochzeit: 20 Minuten
Reis-Wasser-Verhältnis: 1:1,5
Perfekt für Sushi und andere japanische Gerichte.

JASMINREIS

Langkorn, weißer Reis
Geschmack: blumiges Aroma
Konsistenz: weich, leicht klebrig
Kochzeit: 20 Minuten
Reis-Wasser-Verhältnis: 1:1,5
Duftet wahnsinnig gut, weshalb Jasminreis auch Duftreis genannt wird. Er ist in Thailand sehr beliebt und passt wunderbar zu thailändischen Currys.

SCHWARZER REIS

Mittelkorn, Vollkornreis
Geschmack: nussiges Aroma, einzigartiger Geschmack
Konsistenz: besonders bissfest
Kochzeit: 35 Minuten
Reis-Wasser-Verhältnis: 1:2,5
Schmeckt toll in Reispfannen, Salaten oder auch Süßspeisen.

WILDREIS

Langkorn
Geschmack: rauchig-nussiges Aroma
Konsistenz: locker, bissfest
Kochzeit: 45 Minuten
Reis-Wasser-Verhältnis: 1:2,5
Wildreis ist eigentlich gar kein Reis, sondern besteht aus den Samen des wild wachsenden Wassergrases Zizania aquatica. Meistens findet man ihn mit weißem Langkornreis zusammengemischt. Er passt sehr gut zu Fischgerichten.

KLEBREIS

Langkorn, weißer Reis
Geschmack: süßliches Aroma
Konsistenz: weich, klebrig
Kochzeit: 25 Minuten (vorher mindestens 2 Stunden einweichen)
Reis-Wasser-Verhältnis: 1:1,25
Wird gern für Süßspeisen zusammen mit Kokosmilch verwendet.

Es gibt verschiedene Methoden, Reis zuzubereiten. Ich bevorzuge die Quellmethode. Dafür könnt ihr einen Reiskocher verwenden oder den Reis klassisch im Topf kochen. Wichtig dabei: Immer auf das richtige Reis-Wasser-Verhältnis achten!

RISOTTO-REIS

Mittelkorn, weißer Reis
Geschmack: leicht erdiges Aroma
Konsistenz: bissfest und dennoch cremig
Kochzeit: 30 Minuten
Reis-Brühe-Verhältnis: 1:3
Perfekt für Risottos aller Art! Er wird mit Brühe anstatt mit Wasser gekocht.

REIS IM TOPF KOCHEN, SO GEHT'S:

1. Reis gründlich waschen, bis das Wasser nicht mehr trüb ist (ca. 2–3 Waschgänge)
2. Abgetropften Reis mit Wasser (im richtigen Reis-Wasser-Verhältnis) in den Topf geben
3. 1–2 Minuten bei hoher Hitze aufkochen
4. Zudecken und bei niedriger Hitze so lange köcheln, bis das Wasser verkocht und nicht mehr an der Oberfläche zu sehen ist
5. Herd ausschalten und zugedeckt 10 Minuten ruhen lassen

WISSENSWERTES ÜBER

NUDELN

Neben Reis werden in Asien auch viele Nudeln gegessen. Aber anders als bei der italienischen Pasta, die meistens aus Hartweizengrieß und Wasser besteht, enthalten asiatische Nudeln oft auch andere Grundzutaten, wie z. B. Reismehl, Mungobohnenstärke oder Algen. Traditionell werden sie von Hand gezogen und besitzen eine andere Konsistenz als herkömmliche Nudeln. Hier stelle ich euch die beliebtesten Sorten in der asiatischen Küche vor.

SOBA

Soba-Nudeln sind ebenfalls eine Spezialität aus Japan. Sie bestehen aus Buchweizenmehl, welches ihnen die typische braungraue Farbe verleiht und einen nussigen Geschmack gibt. Manchmal enthalten sie zusätzlich auch Algen, dann sehen sie leicht grünlich aus. Wer nach glutenfreien Alternativen sucht, sollte auf jeden Fall einen Blick auf die Zutatenliste werfen, denn manche werden mit Weizenmehl gestreckt. Die langen, dünnen Soba-Nudeln isst man in Japan auch gern kalt, mit einer Sauce zum Eintunken.

RAMEN

Ramen sind eine japanische Nudelart, die ursprünglich aus China stammen. Der Name leitet sich vom chinesischen Wort „La Mian" ab. Die Nudeln bestehen aus Weizenmehl, Salz und Kansui. Letzteres ist ein kalium- und karbonathaltiges Wassergemisch, wodurch die Nudeln einen besonderen Biss, ihre Elastizität, Farbe und typischen Geschmack bekommen. Ramen werden hauptsächlich in Suppen serviert. Die beliebte Nudelsuppe wird ebenfalls so genannt und in Japan findet man an jeder Ecke Ramen-Bars.

UDON

Udon-Nudeln sind die dicksten Nudeln der japanischen Küche. Sie stammen ursprünglich auch aus China, werden aber heutzutage vor allem in Japan und Korea gegessen. Die cremeweißen Nudeln werden aus Weizenmehl, Salz und Wasser hergestellt, sind bissfest, elastisch und leicht klebrig. Japaner essen sie gern in Suppen, Eintöpfen oder mit einer kräftigen Dipsauce, aber auch gebraten schmecken Udon-Nudeln einfach großartig!

SOMEN

Somen sind feine, lange, runde japanische Nudeln aus Weizenmehl. Sie haben eine weiße Farbe und schmecken leicht süßlich. Die Kochzeit der Fadennudeln ist sehr kurz und sie können sowohl warm als auch kalt serviert werden.

MIE-NUDELN

Die langen Mie-Nudeln sind auch als chinesische Eiernudeln bekannt, da sie neben Weizenmehl, Salz und Wasser oft auch Eier enthalten. Sie werden überwiegend getrocknet in Blöcken oder als Instantprodukt verkauft. Gebraten sind sie sehr beliebt.

REISNUDELN

Reisnudeln bestehen hauptsächlich aus Reismehl und sind somit glutenfrei. Es gibt sie in verschiedenen Breiten zwischen 1–10 mm und nach dem Kochen behalten sie ihre mattweiße Farbe. Reisnudeln sind in vielen asiatischen Ländern beliebt. Ob gebraten, in Salaten oder Suppen, jedes Land hat seine eigenen typischen Reisnudelgerichte.

GLASNUDELN

Wie der Name schon sagt, sind Glasnudeln gegart fast durchsichtig. Die langen, dünnen Nudeln sind zudem noch glutenfrei und haben wenig Kalorien. Sie werden meistens aus Mungobohnenstärke und Wasser hergestellt, können aber auch andere Stärke enthalten. Die koreanischen Glasnudeln „Dangmyeon" bestehen z. B. aus Süßkartoffelstärke. Glasnudeln haben einen neutralen Eigengeschmack, nehmen aber die Aromen von Saucen sehr gut auf. Besonders als Glasnudelsalat werden sie gern gegessen.

TIPP

Asiatische Nudeln immer am besten nach Packungsangabe zubereiten.

WISSENSWERTES ÜBER
SOJASAUCEN

Wer zu Hause asiatisch kochen möchte, kommt an der Sojasauce nicht vorbei, denn sie ist DIE asiatische Würzsauce schlechthin.

Und wer kennt das nicht: Oft steht man ratlos im Asia-Shop oder Supermarkt vor lauter Regalen voller Sojasaucen und kann sich nicht entscheiden. Daher werde ich oft gefragt, was für Sorten es gibt und vor allem, was sie unterscheidet, da doch alle dunkel und fast gleich aussehen. Nun wollen wir dem Ganzen mal auf den Grund gehen und etwas Klarheit schaffen.

Die Sojasauce entstand vor mehr als 2200 Jahren in China und verbreitete sich über ganz Asien.
Sie besteht aus Sojabohnen, Salz, Wasser und teilweise auch Getreide wie Weizen oder Gerste. Jedes Land hat seine eigene Methode, Sojasaucen herzustellen, und sie schmecken auch alle unterschiedlich. Deswegen empfehle ich, für die jeweilige Landesküche auch die passenden Sojasaucen zu verwenden. Aber keine Sorge, ihr müsst keinesfalls alle Sorten aus allen asiatischen Ländern besitzen, sondern könnt eure Lieblingssojasaucen auch länderübergreifend verwenden. Vom Geschmack her kann das Gericht dann zwar leicht vom Original abweichen, wird aber trotzdem hervorragend schmecken!

Traditionell werden Sojasaucen mehrere Monate bis zu Jahre lang fermentiert und bekommen dadurch einen ausgewogenen Geschmack mit viel Aroma und Umami. Die so hergestellten Sojasaucen werden als „natürlich gebraut“ gekennzeichnet. Heutzutage findet man aber auch viele chemisch hergestellte Sojasaucen, die eine Produktionsdauer von nur wenigen Tagen haben und Geschmacksverstärker sowie Konservierungsmittel und Zusatzstoffe enthalten. Daher schaut euch die Zutatenliste einmal genauer an, bevor ihr euch für eine Sojasauce entscheidet.

Grundsätzlich kann man Sojasaucen in drei Kategorien unterteilen: helle, dunkle und süße Sojasauce. Wenn nur „Sojasauce“ auf der Flasche steht, dann handelt es sich prinzipiell um eine helle Sojasauce. Wenn im Rezept ebenfalls nur „Sojasauce“ angegeben ist, dann ist damit auch die helle gemeint.

LAGERUNG

Sojasaucen müssen nicht im Kühlschrank aufbewahrt werden, aber sollten dennoch kühl und lichtgeschützt gelagert werden, z. B. im Gewürzschrank.
Empfohlen wird, sie nach dem Öffnen innerhalb von 2–3 Monaten zu verbrauchen. Meiner Erfahrung nach halten sie aber noch deutlich länger.

HELLE SOJASAUCE

Die helle Sojasauce ist salziger als die dunkle, dünnflüssig und hat eine leicht durchsichtige Farbe. Sie wird als Allzwecksauce verwendet und kann zum Marinieren, Würzen, Dippen und für alles Weitere verwendet werden. Sie verleiht jedem Gericht seinen typischen Geschmack. Wenn ihr euch also erst mal nur eine Sojasauce zulegen wollt, dann eine helle. Übrigens: In China wird die helle Sojasauce auch als „junge Sojasauce" bezeichnet.

SÜSSE SOJASAUCE

Die süße Sojasauce ist in südostasiatischen Ländern sehr beliebt. Sie enthält zusätzlich Zucker und hat dadurch meistens eine sirupartige Konsistenz. Sowohl zum Marinieren als auch zum Würzen von Pfannengerichten wird sie besonders gern in Indonesien, Malaysia und Thailand verwendet.

Es gibt noch einige weitere Varianten wie z. B. salzreduzierte oder glutenfreie Sojasauce oder auch mit Pilzen.

DUNKLE SOJASAUCE

Die dunkle Sojasauce (im Chinesischen auch als „alte" Sojasauce bekannt) wird länger fermentiert. Sie schmeckt intensiver als die helle und etwas süßlicher. Von der Farbe her ist sie dunkelbraun bis fast schwarz, undurchsichtig und hat eine dickflüssigere Konsistenz. Man kann sie zum Marinieren verwenden, aber ihre Hauptfunktion besteht darin, Gerichte dunkel zu färben. Daher wird sie in der chinesischen Küche oft verwendet und meistens auch in Kombination mit der hellen Sojasauce zusammen.

CHINA

Die chinesische Küche ist traditionsreich und sehr vielfältig. Sie umfasst viele Regionalküchen und es wird großer Wert auf die Esskultur gelegt. Man bestellt oft viele Gerichte zusammen und teilt sich diese. Auch ist es gang und gäbe, etwas übrig zu lassen, um es mitzunehmen, denn wer alles aufisst, ist wohl noch nicht satt.

發財
發財

PEKINGSUPPE

4-5 PORTIONEN

Die Pekingsuppe ist in China als säuerlich-scharfe Suppe bekannt und erfreut sich besonders in Peking großer Beliebtheit. Hierzulande ist sie als Vorspeise sehr beliebt.

ZUTATEN

1 ½ cm frischer Ingwer
1 ganzes Suppenhuhn
(alternativ ca. 400 g Hähnchenbrustfilet)
½ Zwiebel
20 g getrocknete Mu-Err-Pilze
1 rote Paprika
1 Möhre
1 Glas Bambusscheiben
(175 g Abtropfgewicht)
2 EL Chilipaste
3 EL Tomatenmark
Salz
4 TL Zucker
gemahlener weißer Pfeffer
2 TL Paprikapulver
7 EL Reisessig
3 EL helle Sojasauce
1 EL dunkle Sojasauce
3 EL Speisestärke
2 Eier (Größe M)
geröstetes Sesamöl
Lauchzwiebelringe zum Garnieren

TIPP

Für die vegetarische Variante der Suppe das Fleisch weglassen und Gemüsebrühe verwenden. Zusätzlich können noch Tofustreifen dazugegeben werden.

ZUBEREITUNG

Für die Hühnerbrühe Ingwer schälen und in 0,5 cm dicke Scheiben schneiden. Mit 2 l Wasser, dem Huhn und der Zwiebel in einem Topf 40 Minuten kochen. Schaum abschöpfen.

In der Zwischenzeit die Mu-Err-Pilze mit heißem Wasser übergießen und für 15 Minuten einweichen. Die Paprika entkernen, waschen und die Möhre schälen. Beides in Streifen schneiden. Die Bambusscheiben in Streifen schneiden. Wenn die Pilze aufgequollen sind, Wasser abgießen und Pilze in Streifen schneiden.

Das Huhn aus der Brühe nehmen, das Hähnchenbrustfleisch herausschneiden und in Fäden zerzupfen. Zwiebel sowie Ingwer ebenfalls aus der Brühe entfernen.

Das Hähnchenfleisch und die Gemüsestreifen in die Brühe geben, aufkochen lassen. Anschließend die Suppe mit Chilipaste, Tomatenmark, 5 TL Salz, Zucker, etwas Pfeffer, Paprikapulver, Reisessig, heller und dunkler Sojasauce würzen. Ggf. mit Salz und Essig nachwürzen. Die Speisestärke mit ca. 150 ml kaltem Wasser verrühren und in die Suppe einrühren.

Den Topf vom Herd nehmen. Die Eier in einer separaten Schüssel verquirlen und in die Suppe geben. Noch mal kurz aufkochen lassen und vorsichtig umrühren.

Mit etwas Sesamöl und klein geschnittenen Lauchzwiebeln garnieren und servieren.

INFO

Die Reste vom Huhn (Fleisch aus Hähnchenflügel und Keule) könnt ihr gut als Topping auf Ramen (Rezept S. 96) verwenden.

Xians Videoanleitung für
das Rezept auf YouTube unter
bit.ly/4jqTpMa

VORBEREITUNGSZEIT 45 MINUTEN

KOCHZEIT 1 STUNDE

GEBRATENE NUDELN
mit Hühnerfleisch

2 PORTIONEN

Chao Mian heißen gebratene Nudeln auf Chinesisch. Ein Klassiker und vermutlich auch eines der meistbestellten Gerichte in den hiesigen China-Restaurants. Die chinesischen gebratenen Nudeln sind wirklich schnell und einfach zuzubereiten und schmecken richtig lecker.

ZUTATEN

200 g Hähnchenbrustfilet
1 Ei (Größe M)
2 TL + 2 EL helle Sojasauce
gemahlener weißer Pfeffer
1 TL Speisestärke
250 g Mie-Nudeln
2 Knoblauchzehen
1 Zwiebel
2 Lauchzwiebeln
1 Möhre
½ Brokkoli
1 Handvoll Soja- oder Mungobohnensprossen
Erdnussöl zum Braten (alternativ Rapsöl)
Salz
1 EL dunkle Sojasauce
1 TL Zucker
1 EL geröstetes Sesamöl

ZUBEREITUNG

Das Hähnchenbrustfilet in kleine Stücke schneiden. Das Ei trennen. Hähnchen mit 2 TL Sojasauce, etwas Pfeffer, ein wenig Eiweiß und Speisestärke 20 Minuten marinieren.

Die Mie-Nudeln in eine Schüssel geben, mit heißem Wasser übergießen und 10 Minuten ziehen lassen. Danach in ein Sieb geben und abtropfen lassen.

In der Zwischenzeit Knoblauch und Zwiebel schälen und klein hacken. Lauchzwiebeln putzen und waschen, Möhre schälen und beides in Streifen schneiden. Brokkoli putzen und ebenfalls klein schneiden. Sojasprossen waschen.

Etwas Öl in einen Wok geben und das Hähnchen darin anbraten, bis es durch ist. Herausnehmen und zur Seite stellen. Erneut etwas Öl in den Wok geben, Knoblauch und Zwiebel darin anbraten. Das restliche Ei verquirlen und dazugeben. Anschließend Möhre und Brokkoli in den Wok geben und weiterbraten, ggf. ein bisschen Wasser hinzufügen. Die Nudeln dazugeben und mit etwas Salz, 2 EL heller Sojasauce, dunkler Sojasauce und Zucker würzen. Alles umrühren und dabei gut vermischen. Das Hähnchenfleisch und die Sojasprossen untermischen. Zum Schluss die Lauchzwiebeln und 1 EL geröstetes Sesamöl dazugeben und servieren.

VORBEREITUNGSZEIT 25 MINUTEN

KOCHZEIT 12 MINUTEN

ACHT SCHÄTZE

4-5 PORTIONEN

Der Name „Acht Schätze" stammt von den acht Hauptzutaten, die für dieses Rezept verwendet werden. Es ist ein sehr beliebtes Gericht, welches viele aus den China-Restaurants kennen. Das original Acht-Schätze-Rezept ist eigentlich eine Süßspeise aus Klebreis.

ZUTATEN

200 g Garnelen (tiefgekühlt, küchenfertig)
150 g Hähnchenbrustfilet
170 g mageres Rindersteak
1 Ei (Größe L)
Salz, gemahlener weißer Pfeffer
4 TL helle Sojasauce
2 TL Speisestärke
2 TL chinesischer Kochwein (z. B. Shaoxing-Reiswein, alternativ Sherry)
1 große Zwiebel
1 ½ cm frischer Ingwer
1 Möhre
½ Brokkoli
180 g grüne Bohnen
1 Paprika
150 g braune Champignons
Rapsöl zum Braten

FÜR DIE SAUCE

3 EL helle Sojasauce
2 EL dunkle Sojasauce
3 EL Reiswein (z. B. Shaoxing, nach Belieben, alternativ Sherry)
1 EL Hoisin-Sauce
1 ½ EL brauner Zucker
1 TL Chili-Bohnen-Sauce (Toban Djan)
Salz, gemahlener weißer Pfeffer
½ TL Hühnerbrühepulver (nach Belieben)
1 EL Speisestärke

TIPP

Die Zutaten (Schätze) können je nach Geschmack variiert werden. Wer es nicht so scharf mag, kann die Chili-Bohnen-Sauce einfach weglassen.

ZUBEREITUNG

Die Garnelen auftauen, am besten über Nacht im Kühlschrank.

Das Hähnchenbrustfilet in mundgerechte Stücke schneiden und das Rindfleisch in dünne Scheiben schneiden. Das Ei trennen. Hähnchen mit etwas Salz und Pfeffer, 2 TL heller Sojasauce, ein wenig Eiweiß und 1 TL Speisestärke marinieren. Rindfleisch ebenso, aber zusätzlich mit Kochwein, marinieren. Beides mind. 30 Minuten im Kühlschrank ziehen lassen.

In der Zwischenzeit Zwiebel schälen und in Stücke schneiden. Ingwer ebenfalls schälen und in 0,5 cm dicke Scheiben schneiden. Die Möhre schälen. Brokkoli und grüne Bohnen waschen, putzen. Paprika halbieren, entkernen, waschen. Gemüse klein schneiden. Die Champignons putzen und in Scheiben schneiden.

Für die Sauce Sojasaucen, Reiswein, Hoisin-Sauce, braunen Zucker, Chili-Bohnen-Sauce, ½ TL Salz, etwas Pfeffer und nach Belieben Hühnerbrühe vermischen. Speisestärke mit 150 ml kaltem Wasser verrühren und in die Sauce einrühren.

Etwas Öl in einem Wok erhitzen. Erst Garnelen, dann Ingwer darin anbraten. Beides herausnehmen, Ingwer entsorgen. Erneut Öl im Wok erhitzen und das Hähnchen darin anbraten. Herausnehmen und ebenso mit dem Rindfleisch verfahren.

Wieder etwas Öl im Wok erhitzen und die Zwiebel darin anbraten. Anschließend Gemüse nach und nach dazugeben, zwischendurch etwas Wasser dazugeben und das Gemüse garen. Nun die Garnelen und das Fleisch hinzufügen und mit der Sauce ablöschen. Umrühren und die Sauce ein wenig einkochen lassen.

Auf Teller verteilen und zusammen mit Reis servieren.

INFO

Die chinesische süße Variante von Acht Schätze findet ihr auf S. 58.

Xians Videoanleitung für
das Rezept auf YouTube unter
bit.ly/4gXT4yT

VORBEREITUNGSZEIT 40 MINUTEN

KOCHZEIT 15 MINUTEN

GEDÄMPFTER *Heilbutt*

2 PORTIONEN

Fisch sollte regelmäßig in den Speiseplan integriert werden. Er ist ein guter Eiweißlieferant und enthält zudem viele Mineralstoffe. Gerade fette Fische wie z. B. Heilbutt punkten zusätzlich mit wertvollen Omega-3-Fettsäuren. Hier zeige ich euch ein einfaches und leckeres Rezept.

ZUTATEN

2 Heilbuttfilets (ca. 200 g)
1 daumengroßes Stück frischer Ingwer
3 Lauchzwiebeln
Salz
2 EL Rapsöl

FÜR DIE SAUCE

4 EL helle Sojasauce
1 EL schwarzer Reisessig
2 TL Zucker
1 EL geröstetes Sesamöl

TIPP

Wer es scharf mag, kann zusätzlich noch einen Chili klein schneiden und zusammen mit dem Ingwer und der Lauchzwiebel zum Schluss über das Gericht geben.

Natürlich könnt ihr dieses Rezept auch mit anderen Fischsorten ausprobieren.

ZUBEREITUNG

Fisch auf übrig gebliebene Schuppen prüfen, ggf. entfernen, dann waschen und trocken tupfen.

Ingwer schälen, in vier 0,5 cm große Scheiben schneiden, den Rest in dünne Streifen schneiden. Lauchzwiebeln putzen und waschen. Eine Lauchzwiebel in große Stücke schneiden und den Rest ebenfalls in Streifen schneiden – oder noch besser mit der Hand in feine Streifen ziehen, dadurch entstehen schöne Kringel.

Heilbutt von beiden Seiten salzen und zusammen mit dem Ingwer und den Lauchzwiebeln im Dampfgarer oder in einem Topf mit Dämpfeinsatz über kochendem Wasser 10 Minuten dämpfen.

In der Zwischenzeit für die Sauce Sojasauce, Reisessig, Zucker und Sesamöl in einem Topf mit 200 ml Wasser mischen und einmal aufkochen lassen.

Fisch vorsichtig aus dem Dampfgarer oder Dämpfeinsatz herausholen und auf einen großen Teller legen. Die Ingwerstreifen und Lauchzwiebelkringel auf dem Fisch verteilen. Öl in einer Pfanne erhitzen, über den Fisch gießen, dann die Sauce darübergeben.

Fisch zusammen mit Reis und Gemüse servieren.

VORBEREITUNGSZEIT 10 MINUTEN

KOCHZEIT 12 MINUTEN

PAK CHOI
mit Shiitake-Pilzen

2–3 PORTIONEN

Pak Choi (chinesischer Senfkohl) stammt ursprünglich aus China und ist dort ein sehr beliebtes und oft gegessenes Gemüse. Ob als Beilage zu Fleisch oder in vegetarischen Gerichten, zaubern kann man mit ihm viel und besonders die Kombination mit Shiitake finde ich superlecker.

ZUTATEN

6–8 frische Shiitake-Pilze
(alternativ braune Champignons)
5 Knoblauchzehen
4 Pak Choi
(alternativ 6–8 Mini-Pak-Choi)
Rapsöl
Salz
Zucker
gemahlener schwarzer Pfeffer
1 EL helle Sojasauce
1 EL dunkle Sojasauce
1 EL vegetarische Pilzsauce
1 EL geröstetes Sesamöl
1–2 TL Speisestärke

TIPP

Immer ein Stück Pak Choi mit ein paar Shiitake-Pilzen zusammen essen, so schmeckt es am besten.

ZUBEREITUNG

Die Shiitake putzen, den Stiel entfernen und Pilze in etwa 0,5 cm dicke Scheiben schneiden. Knoblauchzehen schälen und klein hacken. Pak Choi waschen und halbieren.

In einem Topf oder Wok Wasser aufsetzen, 1 EL Öl dazugeben und den Pak Choi 2–3 Minuten darin blanchieren. Herausnehmen.

Wok erhitzen, etwas Öl zugeben und die Knoblauchzehen darin anschwitzen. Anschließend den Pak Choi zugeben und kurz anbraten. Mit ½ TL Salz und 1 Prise Zucker würzen. Herausnehmen und auf einem Teller kreisförmig anrichten.

Wieder etwas Öl in den Wok geben und die Shiitake darin anbraten. Mit Pfeffer, heller und dunkler Sojasauce, Pilzsauce, 1 ½ TL Zucker und Sesamöl würzen. Die Speisestärke mit ca. 150 ml kaltem Wasser verrühren und in die Sauce einrühren. Kurz aufkochen lassen, bis die Sauce angedickt ist. Dann die Shiitake-Pilze herausnehmen und in die Mitte des Tellers geben.

Als Beilage zu Fleisch oder als vegetarisches Gericht zusammen mit Reis servieren.

VORBEREITUNGSZEIT 15 MINUTEN

KOCHZEIT 15 MINUTEN

RINDFLEISCH *Szechuan-Art*

2–3 PORTIONEN

Rindfleisch nach Szechuan-Art ist ein scharfes chinesisches Gericht, das sehr beliebt ist. Das Fleisch schmeckt würzig, saftig und schön zart.

ZUTATEN

320 g mageres Rindersteak
1 Ei (Größe L)
Salz
½ TL gemahlener weißer Pfeffer
2 EL helle Sojasauce
1 EL chinesischer Kochwein (z. B. Shaoxing-Reiswein, alternativ Sherry)
1 TL Chiliflocken
1 TL Chiliöl (nach Belieben)
1 EL geröstetes Sesamöl
1 EL Speisestärke
2 Knoblauchzehen
1 ½ cm frischer Ingwer
1 grüne Paprika
1 Möhre
2 Lauchzwiebeln
Rapsöl zum Braten
1 EL dunkle Sojasauce
1 EL Austernsauce
1 TL Zucker
½ TL gemahlener Szechuan-Pfeffer (nach Belieben)

TIPP

Vorsicht scharf! Den Ingwer vor dem Servieren herausholen, damit man nicht versehentlich daraufbeißt.

ZUBEREITUNG

Rindfleisch in dünne Streifen schneiden. Das Ei trennen. Rindfleisch mit etwas Salz, Pfeffer, 1 EL heller Sojasauce, Kochwein, Chiliflocken, Chiliöl, Sesamöl, Eiweiß und Speisestärke marinieren. Alles gut vermischen und mind. 30 Minuten im Kühlschrank ziehen lassen.

In der Zwischenzeit Knoblauch und Ingwer schälen. Knoblauch klein hacken und Ingwer in 0,5 cm dicke Scheiben schneiden. Paprika entkernen und waschen, Möhre schälen, beides in Streifen schneiden. Lauchzwiebeln waschen, den oberen grünen Teil abschneiden und in ca. 8 cm lange Stücke schneiden (den weißen Teil für ein anderes Rezept verwenden).

Etwas Öl in einer Pfanne erhitzen. Zuerst das marinierte Fleisch darin scharf anbraten. Fleisch auf einen Teller geben und kurz zur Seite stellen.

Wieder etwas Öl in der Pfanne erhitzen. Zuerst Knoblauch und Ingwer darin kurz anbraten, das Gemüse zugeben und mitbraten. Einen Schuss Wasser dazugeben, damit alles schneller gar wird. Dann mit 1 EL heller Sojasauce, dunkler Sojasauce, Austernsauce und Zucker würzen. Gut umrühren. Anschließend das Fleisch und die Lauchzwiebeln dazugeben. Alles ein paarmal in der Pfanne wenden. Zum Schluss etwas Szechuan-Pfeffer drüberstreuen und das Gericht zusammen mit Reis servieren.

Xians Videoanleitung für
das Rezept auf YouTube unter
bit.ly/3DZ1NCj

VORBEREITUNGSZEIT 40 MINUTEN

KOCHZEIT 15 MINUTEN

GEBACKENES SCHWEINEFLEISCH

süßsauer

4 PORTIONEN

Dieses Gericht dürfte euch bekannt sein. Ich persönlich liebe süßsaure Gerichte, weil die Sauce besonders würzig schmeckt und eine wahre Geschmacksexplosion in meinem Mund auslöst. In diesem Rezept zeige ich euch eine Variante mit Schweinefleisch.

ZUTATEN

250 g Schweinenacken
Salz
gemahlener schwarzer Pfeffer
2 TL helle Sojasauce
1 große Zwiebel
1 rote Paprika
1 Möhre
50 g Bambusscheiben (Glas)
1 kleine Dose Ananasscheiben
Rapsöl zum Braten und Frittieren

FÜR DEN TEIG

300 g Weizenmehl
50 g Speisestärke
1 TL Salz
1 Ei (Größe L)

FÜR DIE SAUCE

etwas Salz
6 EL Weißweinessig (alternativ heller Reisessig oder Apfelessig)
3 EL Zucker (alternativ Honig)
1 EL Tomatenmark
1 EL Tomatenketchup
1 EL helle Sojasauce
2 TL Speisestärke

ZUBEREITUNG

Das Fleisch in ca. 2–3 cm große Würfel schneiden und mit etwas Salz, Pfeffer und Sojasauce 15 Minuten marinieren.

Die Zwiebel schälen, in große Stücke schneiden. Die Paprika waschen, entkernen und ebenfalls in Stücke schneiden. Die Möhre schälen, in Scheiben schneiden. Bambus- und Ananasscheiben abtropfen lassen. Bei der Ananas dabei den Saft (150 ml) auffangen und 3 Ananasscheiben klein schneiden.

Für den Teig Mehl, Stärke, Salz und Ei mit 250 ml Wasser verrühren. Für die Sauce alle Zutaten in einer Schüssel gut vermischen.

Ausreichend Öl in einem hohen Topf auf 180 °C erhitzen. Das Fleisch durch den Teig ziehen und im heißen Öl goldgelb ausbacken. Mit einem Schaumlöffel herausheben, auf Küchenpapier abtropfen lassen und zur Seite legen.

Etwas Öl (nach Belieben etwas vom übrigen Frittierfett) in einem Wok oder einer Pfanne erhitzen. Zwiebel darin kurz anbraten, dann das Gemüse dazugeben und mitbraten. Hierbei könnt ihr selbst entscheiden, wie knackig das Gemüse sein soll. Ggf. etwas Wasser hinzufügen und das Gemüse so gar kochen. Fertige Sauce und die Ananasstücke hinzufügen und alles kurz aufkochen lassen. Zum Schluss das Fleisch unterheben. Alles noch mal umrühren und mit Reis servieren.

VORBEREITUNGSZEIT 25 MINUTEN

KOCHZEIT 20 MINUTEN

KNUSPRIGE ENTE
mit Kanton-Sauce

1 PORTION

Die knusprige Ente mit Kanton-Sauce oder nach Kanton-Art kennen viele ebenfalls aus den China-Restaurants. Es ist wohl eines der beliebtesten chinesischen Gerichte. Die Ente mit knuspriger Panade, gepaart mit würziger dunkler Sauce, ist einfach ein Gaumenschmaus.

ZUTATEN

300 g Entenbrust
2 EL Weizenmehl
Salz
gemahlener schwarzer Pfeffer
Rapsöl zum Frittieren

FÜR DIE KANTON-SAUCE

1 Lauchzwiebel
2 Knoblauchzehen
1 daumengroßes Stück frischer Ingwer
2 EL helle Sojasauce
1 EL dunkle Sojasauce
1 EL Hoisin-Sauce
2 EL chinesischer Kochwein (z. B. Shaoxing-Reiswein, alternativ Sherry)
2 EL schwarzer Reisessig
(alternativ heller Reisessig)
2 EL Ketchup
3 EL brauner Zucker
80 ml Ananassaft
Erdnussöl zum Braten
1 EL Speisestärke

ZUBEREITUNG

Das Entenfleisch 20 Minuten in einem Dampfgarer oder einem Topf mit Dämpfeinsatz garen.

In der Zwischenzeit für die Sauce Lauchzwiebel waschen und in kleine Ringe schneiden. Knoblauch schälen und klein hacken. Ingwer schälen, fein reiben oder ebenfalls klein hacken. Sojasaucen, Hoisin-Sauce, Kochwein, Reisessig, Ketchup, braunen Zucker und Ananassaft in einer Schüssel vermischen.
Etwas Erdnussöl in einer Pfanne erhitzen. Lauchzwiebel, Knoblauch und Ingwer darin anbraten. Mit der Sauce ablöschen und einmal aufkochen lassen. Speisestärke mit 100 ml kaltem Wasser verrühren und in die Sauce einrühren.

Mehl, ½ TL Salz und etwas Pfeffer mit ca. 100 ml Wasser zu einer dickflüssigen Panade mischen. Die fertig gedämpfte Entenbrust rundum damit bepinseln.
Ausreichend Rapsöl in einen Wok oder einen hohen Topf geben und auf 180 °C erhitzen. Entenbrust darin goldbraun frittieren. Herausholen, abtropfen lassen und in Streifen schneiden. Die Kanton-Sauce ggf. noch mal erwärmen. Die Entenbrust auf einem Teller mit Reis und Sauce servieren.

TIPP

Wer die Sauce lieber scharf haben möchte, kann 1–2 TL Sambal Oelek dazugeben. Aber auch Gemüsestreifen, z. B. von Möhren, oder Pilze peppen die Sauce auf. Den Teller könnt ihr mit einer Möhrenblume, Gurkenscheiben oder Lauchzwiebelringen dekorieren.

Xians Videoanleitung für das Rezept auf YouTube unter
bit.ly/40CQato

VORBEREITUNGSZEIT 10 MINUTEN

KOCHZEIT 30 MINUTEN

DI SAN XIAN

3–4 PORTIONEN

Drei Schätze/Kostbarkeiten von der Erde

Di San Xian ist ein klassisches vegetarisches Rezept aus dem Norden Chinas. Übersetzt bedeutet es in etwa „Drei Schätze/Kostbarkeiten von der Erde", denn die chinesische Gemüsepfanne besteht aus drei Hauptzutaten: Kartoffeln, Aubergine und Paprika. Das Gericht zu kochen ist wirklich einfach. Man kann es als Hauptspeise oder Beilage servieren.

ZUTATEN

1 Aubergine
Salz
2 EL + 1 TL Speisestärke
2 mittelgroße Kartoffeln (festkochend, ca. 350 g)
1 grüne Paprika
1 Knoblauchzehe
1 Lauchzwiebel
1 daumengroßes Stück frischer Ingwer
Rapsöl zum Frittieren
2 EL helle Sojasauce
1 EL dunkle Sojasauce
1 EL schwarzer Reisessig
2 TL Zucker
½ TL Gemüsebrühepulver
gerösteter Sesam (nach Belieben)

TIPP

Wer nicht auf Fleisch verzichten möchte, kann Fleisch nach Wahl klein schneiden und mitbraten.

Das Frittieröl könnt ihr abkühlen lassen, aufheben und wiederverwenden.

ZUBEREITUNG

Aubergine waschen, putzen und grob würfeln. In eine Schüssel geben, mit etwas Salz bestreuen und 1 EL Speisestärke dazugeben. Gut vermischen und beiseitestellen.

Die Kartoffeln schälen und klein schneiden. Die Paprika waschen, entkernen und in große Stücke schneiden. Knoblauch schälen, fein hacken. Die Lauchzwiebel putzen, waschen und in Ringe schneiden. Den Ingwer schälen und reiben oder klein hacken.

Ausreichend Öl in einem Wok oder Topf erhitzen. Die Kartoffeln bei mittlerer Hitze darin 15 Minuten frittieren. In der letzten Minute die Temperatur erhöhen, sodass sie außen goldbraun werden. Herausnehmen und auf Küchenpapier abtropfen lassen.

Noch 1 EL Speisestärle zu der Aubergine geben, vermischen und im Wok 8 Minuten frittieren, bis sie knusprig sind. Herausholen und abtropfen lassen. Dann Paprika im Wok für 2 Minuten frittieren. Herausholen und abtropfen lassen.

Das Frittieröl abgießen, etwas im Wok lassen und darin Knoblauch, Lauchzwiebel und Ingwer anbraten. Mit 300 ml Wasser ablöschen und mit ½ TL Salz, Sojasaucen, Reisessig, Zucker und Gemüsebrühe würzen. Anschließend die Kartoffeln, Aubergine und Paprika unterrühren und kurz in der Sauce köcheln lassen. Dann 1 TL Speisestärke mit etwas kaltem Wasser vermischen und unter die Sauce rühren.

Zum Servieren etwas Sesam darüberstreuen. Als Hauptspeise mit Reis essen oder als Beilage portionsweise servieren.

Xians Videoanleitung für
das Rezept auf YouTube unter
bit.ly/3CbL0eF

VORBEREITUNGSZEIT 20 MINUTEN

KOCHZEIT 30 MINUTEN

CHAO NIAN GAO

2-3 PORTIONEN

Gebratener Reiskuchen

Gebratener Reiskuchen ist ein traditionelles chinesisches Gericht und zählt zu meinen Lieblingsgerichten. Als Kind habe ich es geliebt. Die weiche, klebrige Konsistenz in der würzigen Sauce macht einfach süchtig. Dieses Gericht ist hierzulande nicht so bekannt, aber das müsst ihr unbedingt mal ausprobieren, sooo lecker.

ZUTATEN

400 g chinesischer Reiskuchen
20 g Shiitake-Pilze
150 g Schweinebauch
½ Chinakohl
Rapsöl zum Braten
500 ml Hühnerbrühe
(alternativ Gemüsebrühe)
Salz
gemahlener weißer Pfeffer
2 EL helle Sojasauce
1 EL dunkle Sojasauce
1 EL Austernsauce
2 TL Zucker

TIPP

Chinesische Reiskuchen kann man im Asia-Supermarkt im getrockneten Zustand kaufen. Anders als koreanische Reiskuchen, die typischerweise in lange dicke Stifte geformt sind, sind chinesische Reiskuchen in Scheiben geschnitten. Wenn ihr wollt, könnt ihr dieses Rezept aber natürlich auch mit koreanischem Reiskuchen zubereiten.

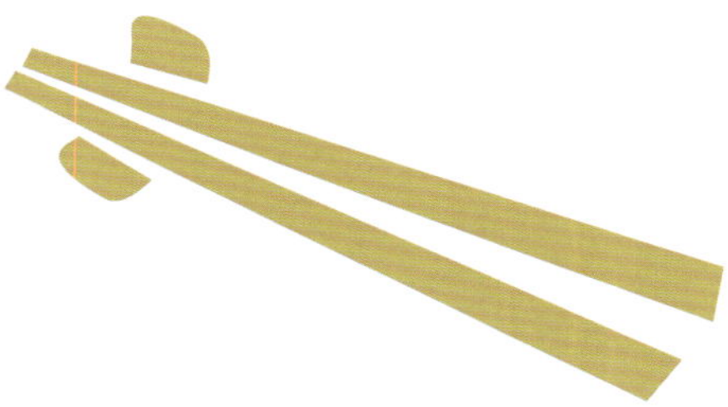

ZUBEREITUNG

Reiskuchen in heißem Wasser 1 Stunde einweichen. Herausnehmen und abtropfen lassen.

Die Shiitake in heißem Wasser 15 Minuten einweichen.

In der Zwischenzeit den Schweinebauch in Streifen schneiden. Chinakohl putzen, waschen und ebenfalls in Streifen schneiden. Das Wasser von den eingeweichten Shiitake abgießen und die Pilze in Streifen schneiden.

Etwas Öl in einem Wok erhitzen. Zuerst das Fleisch langsam bei mittlerer Hitze anbraten, bis es durch ist und leicht goldbraun wird. Dann Chinakohl und Shiitake hinzufügen und alles zusammen weiterbraten. Mit Brühe ablöschen und anschließend die Reiskuchen dazugeben. Mit 1 Prise Salz, etwas Pfeffer, Sojasaucen, Austernsauce und Zucker würzen. Zugedeckt für 10 Minuten köcheln lassen. Die Reiskuchen sollten jetzt ganz weich und die Sauce dicklich sein. Noch ein paarmal umrühren und servieren.

VORBEREITUNGSZEIT 1 STUNDE

KOCHZEIT 20 MINUTEN

KUNG-PAO-
Huhn

3–4 PORTIONEN

Kung-Pao- oder auch Gong-Bao-Huhn ist ein klassisches Gericht aus der Szechuan-Küche, das wie viele Szechuan-Gerichte sehr scharf schmeckt. „Gong Bao" bedeutet auf Deutsch „Palastwächter" und das Gericht wurde vermutlich nach einem Gouverneur der Szechuan-Provinz benannt, der es sehr liebte.

ZUTATEN

600 g Hähnchenbrustfilet (alternativ Hähnchenfleisch aus der Keule, mit Haut, ohne Knochen)
Salz
3 EL dunkle Sojasauce
2 EL chinesischer Kochwein (z. B. Shaoxing-Reiswein, alternativ Sherry)
1 EL Speisestärke
1 daumengroßes Stück frischer Ingwer
3 Knoblauchzehen
2 getrocknete rote Chilischoten (alternativ frische Chilischoten)
3 Lauchzwiebeln
Rapsöl
150 g geröstete, ungesalzene Erdnusskerne
½ TL gemahlener Szechuan-Pfeffer

FÜR DIE SAUCE

½ TL Salz
2 EL helle Sojasauce
1 EL dunkle Sojasauce
3 EL schwarzer Reisessig
1 EL Austernsauce
1 ½ EL Zucker
1 EL Speisestärke

ZUBEREITUNG

Das Hähnchenbrustfilet in 2 cm große Würfel schneiden und mit ½ TL Salz, dunkler Sojasauce, Kochwein und Speisestärke mind. 15 Minuten marinieren.

In der Zwischenzeit Ingwer und Knoblauch schälen und fein hacken. Die Chilis waschen und klein schneiden. Lauchzwiebeln putzen, waschen und in Ringe schneiden.

Für die Sauce alle Zutaten (außer Speisestärke) miteinander mischen. Speisestärke mit 200 ml kaltem Wasser vermengen und in die Sauce einrühren.

Einen Wok oder eine Pfanne erhitzen und etwas Öl zugeben. Knoblauch, Ingwer und Chili darin kurz anbraten und im Wok zur Seite schieben. Das Hähnchenfleisch zufügen und gut durchbraten. Die Sauce hinzufügen und einmal aufkochen lassen. Dann Lauchzwiebeln und Erdnüsse dazugeben. Zum Schluss den Szechuan-Pfeffer hinzufügen. Noch ein paarmal umrühren und zusammen mit Reis servieren.

Xians Videoanleitung für
das Rezept auf YouTube unter
bit.ly/4holjX2

VORBEREITUNGSZEIT 20 MINUTEN

KOCHZEIT 12 MINUTEN

ZHA JIANG MIAN

2 PORTIONEN

Chinesische Nudeln mit Sojabohnenpaste

Zha Jiang Mian bedeutet wörtlich übersetzt „gebratene Saucennudeln" und ist ein typisches Nudelgericht aus Peking. Verwendet werden chinesische Weizennudeln und Hauptakteure sind sicherlich auch die fermentierten Sojabohnenpasten, welche dieses Gericht unglaublich schmackhaft machen. Die Machart kann von Haus zu Haus variieren. Hier stelle ich euch eine einfache Variante vor.

ZUTATEN

1 Zwiebel
2 Lauchzwiebeln
150 g gelbe Sojabohnenpaste
100 g süße Sojabohnenpaste
400 ml chinesischer Kochwein (z. B. Shaoxing-Reiswein, alternativ Wasser)
Rapsöl zum Braten
200 g Schweinehackfleisch
200 g chinesische Weizennudeln
1 Bio-Salatgurke (nach Belieben)
Salz
1 EL helle Sojasauce
1 EL dunkle Sojasauce
1 EL Zucker

TIPP

Ihr könnt außer Gurke noch weitere Gemüsesorten, wie z. B. Sojabohnensprossen, Rettich, Möhren und Pak Choi, klein schneiden, ggf. vorher kurz blanchieren.

ZUBEREITUNG

Die Zwiebel schälen, die Lauchzwiebeln waschen und beides klein schneiden.

Die gelbe Sojabohnenpaste mit der süßen Sojabohnenpaste vermischen, anbraten, den Kochwein dazugeben und alles in einer Richtung zu einem Brei verrühren.

Öl in einem Wok erhitzen. Zwiebel und 1 Lauchzwiebel bei mittlerer Hitze langsam braten, bis sie goldbraun geworden sind und das Aroma ins Öl übergegangen ist. Herausnehmen und das Fleisch in den Wok geben. Ebenfalls bei mittlerer Hitze langsam goldbraun und knusprig durchbraten. Anschließend die Sojabohnenpastenmischung zufügen und bei niedriger Hitze mind. 30 Minuten braten, bis sie ihren vollen Geschmack entfaltet.

In der Zwischenzeit die Nudeln nach Packungsanweisung kochen. Die Gurke waschen und in feine Streifen schneiden.

Wenn das Öl nach dem Braten an der Oberfläche schwimmt, ½ TL Salz, Sojasaucen und Zucker hinzufügen. Zum Schluss die übrige Lauchzwiebel hineingeben.

Die Nudeln in eine Schüssel geben und darauf die Sauce und die Gurkenstreifen verteilen.

INFO

Süße Sojabohnenpaste selbst herstellen:

300 ml Wasser mit 3 EL heller Sojasauce, 2 EL dunkler Sojasauce, 2 EL Austernsauce, 3 EL Zucker und 30 g Weizenmehl klumpenfrei verrühren. 2–3 Minuten unter ständigem Rühren aufkochen lassen, bis eine dickflüssige Paste entsteht.

Wenn ihr die gelbe Sojabohnenpaste nicht bekommt, dann benutzt nur die süße Sojabohnenpaste, in dem Fall dann 250 g. Zum Schluss auch weniger Zucker verwenden.

ZUBEREITUNGSZEIT 10 MINUTEN

KOCHZEIT 1 STUNDE

Xians Videoanleitung für das Rezept auf YouTube unter
bit.ly/4OmUiwc

HOT POT
Chinesischer Feuertopf

VORBEREITUNGSZEIT 2 STUNDEN

KOCHZEIT 2 STUNDEN

4–5 PORTIONEN

Hot Pot, Feuertopf oder auch chinesisches Fondue ist in China weitverbreitet, aber auch in ganz Asien sehr beliebt. Das Essen strahlt Geselligkeit aus und wird vor allem im Winter gegessen. Der Yin-Yang-Hot-Pot ist eine spezielle Form davon und beinhaltet zwei Seiten: eine mit sehr scharfer Brühe und eine andere mit einer milden Brühe. So ist für jeden etwas dabei. Bei den Zutaten für den Hot Pot sind der Fantasie keine Grenzen gesetzt, es kann je nach Geschmack variiert werden.

ZUTATEN

FÜR DIE BASISBRÜHE
450 g Fleischknochen vom Rind
1 ½ cm frischer Ingwer
1 Zwiebel
3 Knoblauchzehen
1 Lauchzwiebel

FÜR DIE SCHARFE BRÜHE
50 g getrocknete rote Chilischoten
4 Knoblauchzehen
1 ½ cm frischer Ingwer
1 Lauchzwiebel
Rapsöl
150 g Schweineschmalz
4 EL Chili-Bohnen-Sauce (Toban Djan)
2 Zimtstangen
5 Sternanis
2 ganze Kardamomkapseln
4 Lorbeerblätter
1 Handvoll Fenchelsamen
6 Gewürznelken
1 Handvoll Koriandersamen
1 Handvoll Szechuan-Pfeffer
15 g getrocknete Mandarinenschale
30 g Kandiszucker
3 EL chinesischer Kochwein (z. B. Shaoxing-Reiswein, alternativ Wasser)
Salz

FÜR DIE MILDE BRÜHE
1 daumengroßes Stück frischer Ingwer
3 Knoblauchzehen
2 Shiitake-Pilze
2 Jujube (chinesische Datteln)
1 Handvoll Gojibeeren
Salz

TIPP
Für eine vegetarische Variante des Hot Pots, Rinderbrühe durch Gemüsebrühe ersetzen und auf den Schmalz verzichten.

ZUBEREITUNG

ZUTATENAUSWAHL ZUM REINLEGEN

300 g dünne Fleischscheibenrollen vom Lamm (tiefgekühlt, Asia-Supermarkt)
300 g dünne Fleischscheibenrollen von Rind (tiefgekühlt, Asia-Supermarkt)
500 g Rinderfilet
200 g Garnelen (küchenfertig)
200 g Surimi-Sticks
3 Pak Choi
200 g Garnelenbällchen (tiefgekühlt, Asia-Supermarkt)
200 g Fischbällchen (tiefgekühlt, Asia-Supermarkt)
3 mittelgroße Kartoffeln
200 g Tofu
5 Shiitake-Pilze
3 Kräuterseitlinge
150 g Champignons
200 g Enoki-Pilze
2 Romanasalatherzen
400 g Lotuswurzel
½ Chinakohl
200 g Reisnudeln

FÜR DIE DIPSAUCE 1

2 EL helle Sojasauce
2 EL schwarzer Reisessig
2 EL geröstetes Sesamöl
Knoblauchzehen (nach Belieben)
1 TL Sesam
2 TL Zucker

FÜR DIE DIPSAUCE 2

2 EL Hoisin-Sauce
1 EL geröstetes Sesamöl
Knoblauchzehen (nach Belieben)
fein gehackter Koriander (nach Belieben)

FÜR DIE DIPSAUCE 3

1 EL Erdnussbutter
3 EL geröstetes Sesamöl
Knoblauchzehen (nach Belieben)
klein geschnittene Lauchzwiebel (nach Belieben)

Tiefgekühlte Zutaten auftauen. Die getrockneten Chilis im heißen Wasser für 2 Stunden einweichen.

In der Zwischenzeit die Basisbrühe ansetzen. Dafür die Fleischknochen in einen Topf mit kaltem Wasser legen, zum Kochen bringen. Inzwischen Ingwer schälen, in 0,5 cm dicke Scheiben schneiden. Zwiebel und Knoblauchzehen schälen. Lauchzwiebel waschen und grob zerkleinern.

Schaum von der Brühe abschöpfen, Zwiebel, Knoblauch, Ingwer und Lauchzwiebel dazugeben. Für 40 Minuten kochen, ggf. Wasser nachfüllen.

Für die scharfe Brühe das Wasser von der eingeweichten Chilis abgießen und Chilis klein schneiden. Zwiebel und Knoblauchzehen schälen. Lauchzwiebel waschen und grob zerkleinern.

Einen Schuss Öl in einem Wok erhitzen. Schmalz hinzufügen, Knoblauch, Ingwer und Lauchzwiebel darin goldbraun anbraten. Alles wieder herausnehmen. Chili-Bohnen-Sauce dazugeben und 10 Minuten darin braten. Chilis hinzufügen und weitere 15 Minuten braten. Danach alle Gewürze dazugeben und noch mal 15 Minuten weiterbraten. Zum Schluss den Kandiszucker und Kochwein hinzufügen. Alles zusammen noch mal 10 Minuten lang braten.

Die frischen Zutaten waschen, ggf. schälen und zurechtschneiden.

Für die Dips den Knoblauch schälen und fein reiben oder klein hacken. Die drei Dips mit den jeweiligen Zutaten portionsweise (pro Schälchen) zusammenmischen.

Den Yin-Yang-Hot-Pot-Topf mit Brenner darunter aufstellen. 2 Kellen von der scharfen Gewürzmischung auf die eine Seite geben, die Zutaten für die milde Variante auf der anderen Seite verteilen und beide Seiten mit Brühe auffüllen. Jeweils noch 1 TL Salz hinzufügen und zum Kochen bringen.

Alle frischen Zutaten auf dem Tisch anordnen. Pro Person eine Schale mit der gewünschten Dipsauce bereitlegen. Mit den Stäbchen die Zutaten nach und nach in den Topf geben, gar kochen lassen, wieder herausfischen und mit der Dipsauce zusammen essen. Jeder nimmt sich das, was er essen möchte, und so viel, wie er essen möchte.

GEBRATENER *goldener Reis*

2 PORTIONEN

Gebratener Reis gehört zu den Grundrezepten in der chinesischen Küche und hat eine lange Tradition. Es gibt viele Gebratener-Reis-Varianten und der goldene Reis ist ein ganz besonderer. Seine Farbe erhält er durch die Zugabe von Eigelb. Dieses Gericht schmeckt nicht nur gut, sondern ist durch seine schöne Farbe auch ein Hingucker.

ZUTATEN

600 g gekochter Jasminreis (vom Vortag, alternativ 200 g Reis kochen und abkühlen lassen)
4 Eier (Größe L)
2 Knoblauchzehen
1 Möhre
100 g junge Erbsen (tiefgekühlt)
1 Lauchzwiebel
Rapsöl zum Braten
Salz
gemahlener Pfeffer

TIPP

Die Zutaten können je nach Geschmack variiert werden. Für Fleischliebhaber passen Speckwürfel auch sehr gut dazu.

Das Eiweiß kann für andere Gerichte zum Marinieren verwendet werden oder ihr bratet es mit dem Reis mit.

ZUBEREITUNG

Falls ihr keinen Reis vom Vortag habt, zuerst Reis kochen und abkühlen lassen (siehe Tipp S. 11).

Die Eier trennen und den Reis mit Eigelb vermischen.

Knoblauch schälen und fein hacken. Möhre schälen und würfeln. Lauchzwiebel putzen, waschen und in kleine Ringe schneiden.

Etwas Öl in einem Wok erhitzen. Knoblauch kurz anbraten und den Reis zugeben. Langsam unter Rühren weiterbraten und dabei vorsichtig sein, damit die Reiskörner nicht brechen. So lange braten, bis die Eier durchgegart sind. Dann die Möhre und die Erbsen hinzufügen. Mit etwas Salz und Pfeffer würzen und weiterbraten. Zum Schluss die Lauchzwiebelringe unterrühren.

VORBEREITUNGSZEIT 10 MINUTEN

KOCHZEIT 12 MINUTEN

SHI ZI TOU

12 FLEISCHKLÖSSE

Geschmorte Fleischklöße

Shi Zi Tou, übersetzt „Löwenkopf", sind große runde Fleischklöße aus der chinesischen Alltagsküche. Sie werden in einer Sauce/Brühe für längere Zeit bei niedriger Hitze langsam geschmort, sodass das Fleisch am Ende sehr würzig, saftig und vor allem butterweich wird. Es lässt sich ganz leicht mit den Stäbchen zerteilen und zergeht auf der Zunge!

ZUTATEN

4 Lauchzwiebeln
1 Stück Ingwer
1 kg Schweinefleisch (700 g Schweineschulter plus 300 g Speck)
Salz
1 TL gemahlener weißer Pfeffer
1 TL Zucker
2 EL helle Sojasauce
2 EL chinesischer Kochwein (z. B. Shaoxing-Reiswein, alternativ Sherry)
2 Eier (Größe L)
3 EL Speisestärke (plus etwas mehr)
4 EL dunkle Sojasauce
2 EL Austernsauce
35 g Kandiszucker
ein paar Chinakohlblätter
2 Sternanis
3 Lorbeerblätter
1 Stück Zimtrinde
1 TL Szechuan-Pfeffer

AUSSERDEM

Rapsöl zum Frittieren
Lauchzwiebeln zum Garnieren

TIPP

Um den Aufwand zu minimieren, könnt ihr auch fertiges Schweinehack nehmen.

ZUBEREITUNG

Lauchzwiebeln putzen, waschen und klein schneiden. Ingwer schälen und in dicke Scheiben schneiden. Die Hälfte der Lauchzwiebeln und des Ingwers in eine kleine Schüssel geben, mit 200 ml heißem Wasser übergießen und für 30 Minuten ziehen lassen. Danach durchsieben.

Das gesamte Schweinefleisch (Schulter und Speck) fein hacken und in einer großen Schüssel zusammenmischen. Mit 2 TL Salz, Pfeffer, Zucker, heller Sojasauce und Kochwein würzen. Die Eier reinschlagen und Speisestärke hinzufügen. Im Uhrzeigersinn vorsichtig verrühren. Das Ingwer-Lauchzwiebel-Wasser peu à peu dazugeben und weitermischen.

Genügend Öl in einem Wok oder Topf bei ca. 180 °C erhitzen. Die Hände befeuchten und aus der Fleischmischung faustgroße Fleischklöße formen. Diese im heißen Öl für 5 Minuten leicht goldbraun frittieren. Herausholen und kurz zur Seite stellen.

In einem großen Schmortopf die restlichen Lauchzwiebeln und den Ingwer mit etwas Öl anbraten. Mit so viel Wasser ablöschen, dass später die Fleischklöße komplett bedeckt sind. Dunkle Sojasauce, Austernsauce, 1 TL Salz und Kandiszucker dazugeben. Ein paar Chinakohlblätter reinlegen und die Fleischklöße drauflegen. Mit einigen weiteren Chinakohlblättern zudecken, sodass die Klöße in der Brühe bleiben. Sternanis, Lorbeerblätter, Zimt und Pfeffer in eine Gewürzkugel oder einen Teebeutel geben und mit in die Brühe legen. Den Topf zudecken und den Sud bei niedrigster Hitze für 1,5 Stunden köcheln lassen.

Auf einem Teller wie folgt anrichten: Unten ein paar Chinakohlblätter und darauf die Fleischklöße. Etwas von dem Sud mit Speisestärke andicken und als Sauce darübergießen. Mit Lauchzwiebeln garnieren und mit Reis zusammen servieren.

Xians Videoanleitung für
das Rezept auf YouTube unter
bit.ly/4g0q48l

VORBEREITUNGSZEIT 40 MINUTEN

KOCHZEIT 110 MINUTEN

GEGRILLTE *Lammspieße*

CA. 25 SPIESSE

In den Städten Chinas findet man häufig kleine Stände am Straßenrand, die verschiedene Fleischspieße anbieten. Meine Lieblinge dort sind definitiv die gegrillten Lammspieße, ein sehr beliebtes Streetfood. Der Duft ist unwiderstehlich und zieht einen förmlich an, anzuhalten und ein paar Spieße mitzunehmen.

ZUTATEN

500 g Lammkeulenfleisch
1 große Zwiebel

FÜR DIE MARINADE

2 EL chinesischer Kochwein (z. B. Shaoxing-Reiswein, alternativ Sherry)
2 EL helle Sojasauce
½ TL gemahlener weißer Pfeffer
2 TL gemahlener Kreuzkümmel
1 TL Chilipulver
½ TL Zucker

FÜR DAS ÖL

2 Knoblauchzehen
1 ½ cm frischer Ingwer
500 ml Rapsöl
2 Lauchzwiebeln
3 Sternanis
2 Lorbeerblätter
1 Zimtstange
1 Handvoll Szechuan-Pfeffer

FÜR DIE GEWÜRZMISCHUNG

1 TL Salz
3 TL gemahlener Kreuzkümmel
1 TL 5-Gewürze-Pulver
1 TL Chilipulver (nach Belieben)

ZUBEREITUNG

Lammfleisch in 2 cm kleine Stücke schneiden. Zwiebel schälen und in größere Stücke schneiden. Die Form ist hier unwichtig, da sie nur zum Marinieren benutzt wird und nicht mitgegessen wird. Fleisch und Zwiebel in eine Schüssel geben und mit den Zutaten für die Marinade gut vermischen. Mind. 1 Stunde im Kühlschrank ziehen lassen.

Für das Öl Knoblauch und Ingwer schälen und grob schneiden. Rapsöl in einem Topf erhitzen. Alle Zutaten darin bei mittlerer Hitze langsam frittieren, bis alles goldbraun geworden ist. Dann alle Zutaten herausnehmen und das Öl durch ein feines Sieb gießen.

In der Zwischenzeit Holzspieße 15 Minuten in Wasser legen, damit sie später beim Grillen nicht verbrennen. Für die Gewürzmischung alle Zutaten miteinander vermengen.

Das Fleisch aufspießen und auf den Grill legen. Rundum mit dem Öl bestreichen und ca. 15 Minuten grillen. Zwischendurch einmal wenden und immer wieder mit Öl bestreichen. Zum Schluss noch mit der Gewürzmischung bestreuen und mit Weißbrot, Salat oder Reis servieren.

TIPP

Alternativ könnt ihr die Spieße auch in einer Grillpfanne oder im Ofen bei 200 °C (Ober-/Unterhitze) zubereiten. Auch hierbei einmal wenden und immer wieder mit Öl bestreichen.

VORBEREITUNGSZEIT 80 MINUTEN

KOCHZEIT 15 MINUTEN

HONG SHAO ROU

2-3 PORTIONEN

Rot geschmorter Schweinebauch mit Ei

Hong Shao Rou ist ein traditionelles chinesisches Gericht. Der auf diese Art langsam geschmorte Schweinebauch schmeckt zart und megalecker. In Shanghai wird dieses Gericht gerne noch mit Eiern gekocht.

ZUTATEN

500 g Schweinebauch
3 cm frischer Ingwer
2 Lauchzwiebeln
3 EL chinesischer Kochwein (z. B. Shaoxing-Reiswein, alternativ Sherry)
4 Eier (Größe S)
40 g weißer Kandiszucker (alternativ Haushaltszucker)
2 Sternanis
1 Zimtstange
2 Lorbeerblätter
1 Handvoll Szechuan-Pfeffer
2 EL helle Sojasauce
1 EL dunkle Sojasauce
Salz

TIPP

Ihr könnt das Gericht auch in einem Schnellkochtopf zubereiten, dann dauert der Schmor-Koch-Vorgang nur 15 Minuten anstatt 1 ½ Stunden. So spart ihr Zeit und auch Energie.

ZUBEREITUNG

Das Schweinefleisch in 3 cm große, fast quadratische Stücke schneiden. Ingwer schälen und in 0,5 cm dicke Scheiben schneiden. Lauchzwiebeln putzen, waschen und grob zerkleinern. Das Fleisch zusammen mit 3 Ingwerscheiben, 1 Lauchzwiebel und Kochwein in einem Topf mit Wasser zum Kochen bringen, 15 Minuten köcheln lassen. Herausholen, abtropfen lassen und abtrocknen.

In der Zwischenzeit die Eier 8 Minuten kochen, dann mit kaltem Wasser abschrecken. So lassen sie sich besser pellen. Mithilfe einer Gabel ein paar Löcher in die gepellten Eier pieksen, damit die Sauce später beim Kochen besser einziehen kann.

Kandiszucker in einer Pfanne erhitzen, umrühren und langsam karamellisieren lassen, bis er schön braun geworden ist. 600 ml Wasser hinzufügen und umrühren, bis sich alles aufgelöst hat.

Die Fleischstücke ohne Öl in einer Pfanne oder direkt im Topf goldbraun anbraten. Das dabei entstandene Fett abgießen. 3 Ingwerscheiben, 1 Lauchzwiebel, Sternanis, Zimtstange, Lorbeerblätter und Szechuan-Pfeffer in den Topf zum Fleisch dazugeben. Mit heller und dunkler Sojasauce würzen und mit dem roten Zuckerwasser auffüllen. Die Eier hinzufügen. Den Deckel auflegen und bei niedriger Hitze 1 ½ Stunden sanft köcheln lassen.

Nun die Gewürze herausnehmen, 1 TL Salz dazugeben und die Hitze erhöhen. Das Ganze offen für ca. 10 Minuten kochen, um die Sauce zu reduzieren bzw. anzudicken.

Fleisch auf einem Teller anrichten, etwas Lauchzwiebeln daraufstreuen und mit Reis servieren.

VORBEREITUNGSZEIT 12 MINUTEN

KOCHZEIT 2 STUNDEN

MAPO TOFU

3 PORTIONEN

Mapo Tofu ist ein berühmtes Gericht aus der Szechuan Küche und bekannt für seine zungenbetäubende Schärfe. Im Original wird es mit Hackfleisch zubereitet, ich zeige euch hier eine vegane Variante voller Umami. Ihr werdet das Fleisch darin nicht vermissen!

ZUTATEN

120 g frische Shiitake-Pilze
(alternativ braune Champignons)
4 Knoblauchzehen
1 daumengroßes Stück frischer Ingwer
2 Lauchzwiebeln
600 g fester Seidentofu
Salz
4 EL Erdnussöl
3 EL Chili-Bohnen-Sauce
(Toban Djan)
20 g fermentierte schwarze Bohnen
5 g Chiliflocken
1 EL helle Sojasauce
1 EL dunkle Sojasauce
1 TL Zucker
2 TL gemahlener Szechuan-Pfeffer
1 TL Speisestärke

TIPP

Die Menge der Chili-Bohnen-Sauce und auch der Chiliflocken könnt ihr variieren, um so die Schärfe nach eurem Geschmack anzupassen.

ZUBEREITUNG

Shiitake-Pilze putzen, die Enden der Stiele abschneiden und die Pilze würfeln. Knoblauch und Ingwer schälen und beides fein reiben oder klein hacken. Lauchzwiebeln putzen, waschen und in Ringe schneiden, dabei den weißen und den grünen Teil trennen.

Tofu in größere Würfel schneiden und für 1 Minute in genügend Wasser mit 1 TL Salz kochen. Danach rausholen, abtropfen lassen und kurz zur Seite stellen.

Öl in den Wok geben, Shiitake-Pilze darin anbraten und Chili-Bohnen-Sauce hinzufügen. Anschließend die Bohnen dazugeben und zusammen weiterbraten, bis sich das Öl rot färbt. Danach Knoblauch, Ingwer und den weißen Teil der Lauchzwiebeln reingeben. Chiliflocken hinzufügen. Das Ganze mit 150 ml Wasser ablöschen und mit Sojasaucen und Zucker würzen. Nun die Tofustücke reingeben, Szechuan-Pfeffer dazugeben und vorsichtig umrühren. Alles noch kurz in der Sauce köcheln lassen. Danach Speisestärke mit 1 EL Wasser verrühren und die Sauce damit andicken.

Auf dem Teller anrichten und mit den restlichen Lauchzwiebeln garnieren. Optional gern noch zusätzlich etwas Szechuan-Pfeffer drüberstreuen. Mit Reis zusammen servieren.

VORBEREITUNGSZEIT 20 MINUTEN

KOCHZEIT 15 MINUTEN

RISOTTO *mit Hähnchen und Gemüse*

2–3 PORTIONEN

Wenn ich an dieses Gericht denke, erinnere ich mich an einen kalten regnerischen Tag, vielleicht schneit es sogar draußen. Ich sitze im Warmen, der Reis kocht langsam vor sich hin und der Duft strömt durch das ganze Zimmer. Ich schaue aus dem Fenster hinaus, genieße mein leckeres Risotto und mir wird gleich von innen wohlig warm.

ZUTATEN

1 Hähnchenkeule
1 daumengroßes Stück frischer Ingwer
Salz
gemahlener weißer Pfeffer
2 TL + 2 EL helle Sojasauce
1 EL chinesischer Kochwein (z. B. Shaoxing-Reiswein, alternativ Sherry)
1 TL Speisestärke
6 getrocknete Shiitake-Pilze
1 Lauchzwiebel
1 große Kartoffel
1 Möhre
200 g Risotto-Reis
Rapsöl zum Braten
400 ml Hühnerbrühe (alternativ Wasser)
1 EL dunkle Sojasauce
2 TL Zucker
geröstetes Sesamöl (nach Belieben)

TIPP

Anstatt einer Kartoffel könnt ihr für das Gericht auch eine Süßkartoffel oder ein Stück Kürbis verwenden.

ZUBEREITUNG

Die Hähnchenkeule entbeinen, in 2 cm große Stücke schneiden und die Haut nach Belieben dran lassen. Ingwer schälen, fein reiben und mit dem Hähnchen in eine Schüssel geben. 1 Prise Salz, Pfeffer, 2 TL helle Sojasauce, Kochwein und Speisestärke dazugeben, gut vermischen und für ca. 30 Minuten marinieren lassen.

Die getrockneten Shiitake in heißem Wasser für 15 Minuten einweichen, danach abgeißen und halbieren. Die Lauchzwiebel putzen, waschen und in Ringe schneiden, dabei den weißen und den grünen Teil trennen. Kartoffel und Möhre schälen, Kartoffel in größere Stücke und Möhre in Würfel schneiden. Reis waschen.

Etwas Öl in einem Schmortopf erhitzen. Erst die weißen Lauchzwiebelringe darin kurz anbraten, dann das Hähnchenfleisch dazugeben und außen leicht goldbraun anbraten. Anschließend das Gemüse und den Reis in den Topf geben, kurz anbraten und mit Brühe ablöschen. Mit ½ TL Salz, 2 EL heller Sojasauce, dunkler Sojasauce und Zucker würzen. Umrühren, einmal aufkochen lassen und dann die Hitze reduzieren. Mit geschlossenem Deckel bei niedriger Hitze 15 Minuten köcheln lassen. Zum Schluss noch mit geröstetem Sesamöl abschmecken. Risotto mit grünen Lauchzwiebelringen bestreut servieren.

VORBEREITUNGSZEIT 40 MINUTEN

KOCHZEIT 25 MINUTEN

BA BAO FAN

Acht-Schätze-Reiskuchen

2–3 PORTIONEN

Hier stelle ich euch das original Acht-Schätze-Rezept vor, eine traditionelle chinesische Süßspeise, die vor allem beim Neujahrsessen nicht fehlen darf. Der Kreis mit dem bunten Muster symbolisiert Einigkeit und soll Glück bringen. Als Kind habe ich diesen Reiskuchen geliebt. Jedes Mal, wenn es ihn gab, habe ich extra wenig von den anderen Gerichten gegessen, damit ich umso mehr davon essen konnte. Hier in Deutschland mache ich den Ba Bao Fan hin und wieder mal zu besonderen Anlässen und immer, wenn ich ihn esse, denke ich gern an meine Kindheit in China zurück, wie wir alle zusammen am runden Tisch saßen, aßen und lachten.

ZUTATEN

400 g Klebreis
100 g Jujube (chinesische Datteln)
80 g Zucker
1 EL Kokosöl (plus etwas mehr)
1 getrocknete Aprikose
8 kandierte Ananasstücke
10 g Rosinen
10 g getrocknete Cranberries
10 g Gojibeeren
20 g naturbelassene Erdnusskerne
6 Walnusskerne
100 g Rote-Bohnen-Paste

TIPP

Gerne könnt ihr andere Trockenfrüchte und Nüsse verwenden und so eure eigenen Acht-Schätze-Varianten kreieren.

ZUBEREITUNG

Den Klebreis waschen und in kaltem Wasser mind. 2 Stunden stehen lassen.

In der Zwischenzeit die Datteln in heißem Wasser 30 Minuten einweichen, danach halbieren und entkernen.

Den Reis abgießen und 25 Minuten im Dampfgarer oder einem Topf mit Dämpfeinsatz über kochendem Wasser garen. Danach sofort herausnehmen und, während er noch heiß ist, mit Zucker und Kokosöl vermischen.

Eine mittelgroße Schüssel mit etwas Kokosöl einfetten. Zuerst die 8 Schätze (Trockenfrüchte und Nüsse) kreisförmig in einem Muster anordnen. Dann die Hälfte vom Reis vorsichtig draufgeben und mit dem Löffelrücken festdrücken. In der Mitte eine Mulde bilden, Rote-Bohnen-Paste hineingeben, den Rest vom Reis daraufschichten und eben mit dem Rand der Schüssel abschließen, festdrücken. Wenn noch Trockenfrüchte oder Nüsse übrig geblieben sind, können diese noch mit dem Reis vermischt werden. Anschließend 20 Minuten im Dampfgarer oder einem Topf mit Dämpfeinsatz über kochendem Wasser dämpfen.

Die Schüssel aus dem Dampfgarer nehmen, einen Servierteller drauflegen und vorsichtig stürzen. Die Schüssel entfernen und die Acht Schätze servieren.

INFO

Wie man die Rote-Bohnen-Paste selbst macht, steht auf S. 102.

VORBEREITUNGSZEIT 2 STUNDEN

KOCHZEIT 1 STUNDE

XI MI LU

Kokosmilch-Dessert mit Tapiokaperlen

8 KLEINE PORTIONEN

Xi Mi Lu ist ein beliebtes Dessert aus der kantonesischen Küche und ist einfach und schnell gemacht. Wie die kleinen durchsichtigen Tapiokaperlen in der weißen Kokosmilch schwimmen – nicht nur hübsch anzusehen, sondern auch sehr lecker! Besonders im Sommer habe ich diese süße Suppe gern gegessen.

ZUTATEN

150 g weiße Tapiokaperlen
2 Dosen Kokosmilch (ca. 400 g)
100 g Kandiszucker
(alternativ Haushaltszucker)
frisches Obst und Kokoschips
zum Garnieren (nach Belieben)

ZUBEREITUNG

In einem Topf 1 Liter Wasser zum Kochen bringen. Die Tapioka-Perlen darin unter Rühren 15–20 Minuten bei mittlerer Hitze kochen, bis die Perlen komplett durchsichtig sind. Herausnehmen, mit kaltem Wasser abschrecken und zur Seite stellen.

Anschließend die Kokosmilch in den Topf geben und Zucker hinzufügen. Aufkochen, bis der Zucker sich vollständig aufgelöst hat. Dann die Tapiokaperlen dazugeben, umrühren und kurz weiterköcheln lassen. Vom Herd nehmen und abkühlen lassen.

In einer kleinen Schüssel servieren. Nach Belieben mit Kokoschips oder frischem Obst (z. B. Mango) garniert servieren.

INFO

Die etwas größeren schwarzen Tapiokaperlen werden auch für Bubble Teas verwendet.

KOCHZEIT 25 MINUTEN

DIM SUM

Dim Sum (chinesisch: dianxin, kantonesisch: dimsam) ist eine Spezialität der kantonesischen Küche und der Sammelbegriff für eine Art „kleine Häppchen". Die meisten davon werden gedämpft und im Bambuskörbchen serviert oder frittiert.

Egal ob als Frühstück, Vorspeise oder als kleine Mahlzeit zwischendurch, diese kleinen Leckerbissen sind überall sehr beliebt.

CHINESISCHE *Frühlingsrollen*

30 GROSSE FRÜHLINGSROLLEN

Frühlingsrollen sind in Deutschland eine sehr beliebte asiatische Vorspeise, die es in verschiedenen Größen gibt. Als Kind in China habe ich die riesengroßen Rollen von meiner Oma, die es immer zu besonderen Anlässen gab, geliebt. Traditionell werden sie zum chinesischen Neujahrsfest gegessen, bei dem auch der Frühlingsbeginn gefeiert wird. Daher stammt vermutlich auch der Name „Frühlingsrolle". Außerdem sollen sie Seidenraupen symbolisieren, die zu dieser Jahreszeit schlüpfen.

ZUTATEN

30 Frühlingsrollenblätter (tiefgekühlt, aus dem Asia-Supermarkt)
20 g getrocknete Mu-Err-Pilze
100 g Glasnudeln
350 g Schweinefleisch (Minutensteak)
1 Zwiebel
2 Möhren
⅓ Kopf Weißkohl
8 breite Bohnen
200 g Bambusscheiben (Glas)
Öl zum Braten und Frittieren
Salz
½ TL gemahlener weißer Pfeffer
3 EL helle Sojasauce
2 EL Austernsauce
1 TL Zucker
1 EL geröstetes Sesamöl
2 TL Weizenmehl

TIPP

Für vegetarische Frühlingsrollen das Fleisch weglassen und die Austernsauce durch vegetarische Pilzsauce ersetzen.

ZUBEREITUNG

Frühlingsrollenblätter auftauen. In getrennten Schüsseln die Mu-Err-Pilze und die Glasnudeln mit heißen Wasser übergießen. Beides 15 Minuten einweichen lassen.

Inzwischen das Fleisch in kleine Stücke schneiden. Die Zwiebel schälen und würfeln. Die Möhren schälen, Weißkohl putzen, Bohnen waschen, Bambusscheiben abtropfen lassen. Möhren, Weißkohl, Bohnen und Bambus in Streifen schneiden. Die Mu-Err-Pilze aus dem Wasser nehmen und klein schneiden. Die Glasnudeln über einem Sieb abtropfen lassen und mehrmals durchschneiden.

Etwas Öl in einem Wok oder einer Pfanne erhitzen. Zwiebel darin anbraten, Fleisch dazugeben und gut durchbraten. Gemüse hinzufügen und weiterbraten. Ggf. ein wenig Wasser dazugeben. Mit 1 TL Salz, Pfeffer, Sojasauce, Austernsauce, Zucker und Sesamöl würzen. Gut durchmischen. Zum Schluss die Glasnudeln zufügen und alles noch mal umrühren.

Für den Kleber das Weizenmehl mit 4 TL Wasser verrühren.

Die aufgetauten Frühlingsrollenblätter vorsichtig auseinanderziehen und so platzieren, dass eine Ecke zum Körper zeigt. 1,5 EL Füllung auf das untere Drittel des Blattes verteilen, die Ecke hochklappen und mit der Füllung einrollen. Die Seiten nach innen falten und weiterrollen. Zum Schluss die obere Spitze mit dem Kleber festkleben.

Ausreichend Öl in den Wok oder einen Topf geben und auf 180 °C erhitzen. Die Frühlingsrollen darin für ca. 3 Minuten goldbraun frittieren. Herausnehmen und auf Küchenpapier abtropfen lassen.

Jeweils 3–4 heiße Frühlingsrollen auf einen Teller legen und mit süßer Chilisauce servieren.

Xians Videoanleitung für
das Rezept auf YouTube unter
bit.ly/40ggyb2

VORBEREITUNGSZEIT 1 STUNDE

KOCHZEIT 30 MINUTEN

SIU MAI/SHAO MAI

20 STÜCK

Gefüllte Teigtaschen

Siu Mai gehört zu den Klassikern unter den Dim Sum. Es ist eine Art runde gefüllte Teigtasche mit dünnem Teig, die oben offen ist. Man sieht also schon, wie die leckere, saftige Füllung rausquillt. Das Gericht schreit förmlich danach, sofort verzehrt zu werden!

ZUTATEN

FÜR DEN TEIG

250 g Weizenmehl
Salz
2 Eier (Größe M)
etwas Speisestärke

FÜR DIE FÜLLUNG

10 g getrocknete Shiitake-Pilze
120 g Garnelen (küchenfertig)
2 Lauchzwiebeln
250 g Schweinehackfleisch
1 Ei (Größe M)
1 gehäufter EL Speisestärke
1 kleines Stück frischer Ingwer
Salz
½ TL gemahlener weißer Pfeffer
1 TL Zucker
1 EL helle Sojasauce
2 EL chinesischer Kochwein (z. B. Shaoxing-Reiswein, alternativ Sherry)
1 EL Austernsauce
2 TL geröstetes Sesamöl

AUSSERDEM

roter Tobiko (Fischrogen)
schwarzer Reisessig (nach Belieben)

TIPP

Damit die Teigblätter richtig gelb werden, könnt ihr auch gern mit ein bisschen Lebensmittelfarbe nachhelfen.

Wenn ihr die Teigblätter nicht selber machen wollt, dann verwendet Wan-Tan-Blätter. Diese gibt es tiefgekühlt im Asia-Supermarkt zu kaufen.

ZUBEREITUNG

Für den Teig das Mehl mit 1 Prise Salz, Eiern und 50 ml Wasser vermengen. Mit den Händen zu einem geschmeidigen Teig kneten. Abdecken und 30 Minuten ruhen lassen.

Shiitake mit heißem Wasser übergießen und 15 Minuten einweichen. Inzwischen Garnelen klein hacken, Lauchzwiebeln putzen, waschen und klein schneiden. Shiitake aus dem Wasser holen, abtupfen, Stiele abschneiden und Pilze würfeln.

Für die Füllung Garnelen, Lauchzwiebeln und Shiitake mit dem Hackfleisch in einer großen Schüssel vermischen. Das Ei reinschlagen und Speisestärke hinzufügen. Ingwer schälen und dazureiben. Alles mit ½ TL Salz, Pfeffer, Zucker, Sojasauce, Kochwein, Austernsauce und Sesamöl würzen und vermengen.

Den Teig sehr dünn ausrollen, am besten mit einer Nudelmaschine auf kleinster Stufe. Anschließend mit einem Dessertring oder Glas runde Formen ausstechen (ø 8 cm). Überall ein bisschen Speisestärke drüberstreuen, damit sie nicht zusammenkleben.

Jeweils 1,5 EL Füllung mittig auf ein Teigblatt geben, die Ränder mit Zeigefinger und Daumen leicht zusammendrücken und mit dem Löffelrücken die Füllung runterdrücken, sodass die Oberkante bündig mit den Rändern abschließt.

Mit ein bisschen Abstand zueinander auf einem Baumwolltuch oder Backpapier mit Löchern in den Bambusdämpfer legen und 10 Minuten dampfgaren.

Vor dem Servieren noch etwas Tobiko auf jedem Siu Mai platzieren und nach Belieben schwarzen Reisessig als Dip dazu reichen.

INFO

Es gibt regionale Unterschiede, was die Füllung betrifft. Eine besondere Version stellen die Shanghai Shao Mai dar. Diese sind viel größer und mit Klebreis gefüllt.

In Dim-Sum-Restaurants werden Siu Mai portionsweise (meistens 4 Stück) in kleinen Bambuskörbchen dampfgegart und auch direkt darin serviert.

VORBEREITUNGSZEIT 1 STUNDE

KOCHZEIT 20 MINUTEN

HAR GOW/XIA JIAO

16 STÜCK

Teigtaschen mit Garnelen

Weitere klassische Dim Sum sind Har Gow. Wie der Name schon sagt, sind diese fast durchsichtigen Teigtaschen mit Garnelen gefüllt, denn wir Asiaten lieben Garnelen! Deswegen ist Har Gow ein Muss, wenn man Dim Sum essen geht.

ZUTATEN

FÜR DIE FÜLLUNG

200 g Garnelen (küchenfertig)
Salz
⅓ TL gemahlener weißer Pfeffer
1 TL Zucker
1 gehäufter TL Speisestärke
40 g Bambus (am besten frisch)
1 kleines Stück Ingwer
3 EL Schmalz
1 TL geröstetes Sesamöl

FÜR DEN TEIG

120 g Weizenstärke
40 g Speisestärke
1 TL Öl

TIPP

Gerne könnt ihr Har Gow auch mit schwarzem Reisessig oder Chiliöl als Dip genießen.

ZUBEREITUNG

Garnelen mit der Messerseite platt hauen und ganz grob zerhacken, sodass kleine Stückchen übrig bleiben. In eine Schüssel geben und ⅔ TL Salz, Pfeffer, Zucker und Speisestärke hinzufügen. 2 Minuten lang in eine Richtung umrühren.

Bambus ggf. waschen oder abtropfen und in kleine Würfel schneiden. Zu den Garnelen geben. Ingwer schälen und reinreiben. Schmalz und Sesamöl ebenfalls dazugeben. Alles gut miteinander vermengen. Abdecken und so lange im Kühlschrank aufbewahren, bis der Teig fertig ist.

Für den Teig Weizenstärke und Speisestärke in einer Schüssel vermischen. 180 ml kochendes Wasser peu à peu reingießen und dabei umrühren. Nun mit den Händen ordentlich durchkneten, ggf. beim Kneten noch ein bisschen Speisestärke drüberstreuen. Öl hinzufügen und noch mal kneten. Abdecken und den Teig 10 Minuten ruhen lassen. Anschließend den Teig zu einer langen Rolle formen und in 16 gleich große Stücke teilen. Mit den Händen die Stücke jeweils zu einer Kugel formen, flach drücken und dann zu einem runden Teigblatt (Ø ca. 9 cm) dünn ausrollen. In China machen gelernte Köche diesen Schritt auch mit dem Messer, indem sie die untere Seite des Messers mit Öl einfetten und die Teigkugel damit in kreisenden Bewegungen ganz flach drücken.

Jeweils ca. 1 TL Füllung mittig auf die untere Hälfte eines Teigblattes legen. Die obere Hälfte des Blattes mit 8–13 Falten zusammenfalten, dann mit der unteren Seite zusammendrücken und so die Lücke schließen. Die Ränder sauber abschneiden. Restlichen Teig und fertige Har Gows immer abdecken, damit sie nicht austrocknen.

Mit ein bisschen Abstand zueinander auf einem Baumwolltuch oder Backpapier mit Löchern in den Bambusdämpfer legen und 5 Minuten dampfgaren.

VORBEREITUNGSZEIT 70 MINUTEN

KOCHZEIT 10 MINUTEN

CHEUNG FUN/ CHANG FEN

4-5 ROLLEN

Gedämpfte Reisnudelrollen

Cheung Fun ist auch eine meiner Lieblings-Dim-Sum. Die gedämpften Reisnudelrollen lassen sich wunderbar in der Füllung variieren. So ist für jeden Geschmack etwas dabei! Im nachfolgenden Rezept zeige ich euch Cheung Fun mit einer Rindfleischfüllung. Diese esse ich sehr gerne als warmes und bekömmliches Frühstück.

ZUTATEN

FÜR DIE SAUCE

2 EL helle Sojasauce
1 EL dunkle Sojasauce
1 EL Austernsauce
2 EL Zucker
1 TL geröstetes Sesamöl

FÜR DIE FÜLLUNG

120 g Rinderhackfleisch
Salz
etwas gemahlener weißer Pfeffer
1 TL helle Sojasauce
2 Lauchzwiebeln

FÜR DEN TEIG

65 g Reismehl
25 g Tapiokastärke
(alternativ Speisestärke)

AUSSERDEM

Rapsöl zum Bestreichen

TIPP

Ihr könnt die Reisnudelrollen auch in der Mikrowelle bei hoher Hitze 1 Minute garen. Das Ergebnis könnte allerdings ein bisschen trockener sein, dementsprechend auch ein bisschen mehr Wasser in den Teig geben.

ZUBEREITUNG

Für die Sauce beide Sojasaucen, Austernsauce, Zucker und Sesamöl mit 100 ml heißem Wasser verrühren, bis sich alles aufgelöst hat.

Für die Füllung Rindfleisch mit 1 Prise Salz, Pfeffer und Sojasauce würzen. Lauchzwiebeln putzen, waschen und in kleine Ringe schneiden.

Für den Teig Reismehl und Tapiokastärke in eine Schüssel geben und mit 370 ml Wasser klumpenfrei vermischen.

Eine rechteckige Backform oder eine andere hitzebeständige Form mit etwas Öl bestreichen und 1 Schöpfkelle Teigmischung reingeben, sodass der Boden mit einer dünnen Schicht Teig bedeckt ist. Ein bisschen Rindfleisch im mittleren Drittel des Teiges verteilen. Überall etwas Lauchzwiebel streuen. Jede Rolle für ca. 3 Minuten dampfgaren, bis alles durch ist.

Kurz abkühlen lassen, mit einem Teigschaber den Teig vorsichtig vom Boden lösen und Stück für Stück zusammenrollen.

Diesen Vorgang wiederholen, bis der ganze Teig aufgebraucht ist. Die Teigmischung immer noch mal gut umrühren, bevor man sie in die Backform gießt.

Zum Schluss mehrere Rollen auf einem Teller platzieren und die Sauce drübergeben.

VORBEREITUNGSZEIT 30 MINUTEN

KOCHZEIT 15 MINUTEN

LO BAK GO/ LUO BO GAO

8 PORTIONEN

Chinesischer Rettichkuchen

Lo Bak Go ist ein Rettichkuchen, der zuerst gedämpft und dann knusprig gebraten wird. Die originale Variante beinhaltet kleine getrocknete Garnelen und chinesische Salami. Da das für viele etwas gewöhnungsbedürftig sein könnte und man diese Zutaten auch nicht überall bekommt, zeige ich euch hier eine vegane Version. Die ist ebenfalls sehr lecker und steht der anderen Variante geschmacklich in nichts nach!

ZUTATEN

120 g Reismehl
120 g Speisestärke
10 getrocknete Shiitake-Pilze
1 kleine Zwiebel
2 Knoblauchzehen
1 kg Rettich
1 Möhre
Rapsöl
Salz
½ TL gemahlener weißer Pfeffer
½ Gemüsebrühe
1 EL vegane Pilzsauce
1 gehäufter TL Zucker

AUSSERDEM

Lauchzwiebeln
Lao Gan Ma (chinesisches Chiliöl)

TIPP

Ich esse Lo Bak Go am liebsten mit etwas chinesischem Chiliöl. Wer es auch scharf mag, kann das gerne ausprobieren.

ZUBEREITUNG

Reismehl und Speisestärke mit 250 ml Wasser zu einem flüssigen Teig vermischen.

Shiitake mit heißem Wasser übergießen und 15 Minuten einweichen. Inzwischen Zwiebel schälen und würfeln. Knoblauch schälen und klein hacken. Rettich schälen und mit einer Reibe grob raspeln. Möhre schälen und würfeln. Shiitake aus dem Wasser holen, abtupfen, Stiele abschneiden und entsorgen, Rest würfeln.

Wok mit etwas Öl darin erhitzen und zunächst Zwiebel und Knoblauch anschwitzen. Anschließend das ganze Gemüse reingeben. Mit ½ TL Salz, Pfeffer, Gemüsebrühe, Pilzsauce und Zucker würzen. So lange braten, bis alles gar ist. Ggf. etwas Wasser hinzufügen. Danach den Teig dazugeben. Alles gut miteinander vermischen und weiterbraten, bis das Ganze eindickt. Die Masse in einer eingeölten ofenfesten Form gleichmäßig verteilen und für 40 Minuten dampfgaren. Dabei darauf achten, dass das Wasser darunter nie komplett verkocht, ggf. Wasser nachgießen.

Den fertigen Rettichkuchen abkühlen lassen, aus der Form lösen und in etwa 6 x 8 cm große, 2 cm dicke, rechteckige Scheiben schneiden. Mit etwas Öl in der Pfanne beidseitig goldbraun anbraten.

Portionsweise servieren und mit ein paar Lauchzwiebeln garnieren.

VORBEREITUNGSZEIT 45 MINUTEN

KOCHZEIT 70 MINUTEN

ABKÜHLZEIT 30 MINUTEN

CHAR SIU BAO/ CHA SHAO BAO

10 STÜCK

Chinesische Teigtaschen mit Fleischfüllung

Char Siu Bao sind weiche, chinesische Teigtaschen aus einem süßlichen Hefeteig, gefüllt mit würzigem Char-Siu-Schweinefleisch. Sie sind eine der bekanntesten Dim Sum. Die traditionelle Herstellung des Teiges dauert mehrere Tage und beinhaltet auch Bäcker-Ammoniak. Ich zeige euch eine etwas einfachere Methode, die perfekt für zu Hause geeignet ist.

ZUTATEN

FÜR DIE FÜLLUNG

CHAR-SIU-FLEISCH

300 g Schweineschulter
1 Stück fermentierter Tofu in roter Sauce (plus 1 EL der Sauce)
1 EL Hoisin-Sauce
1 EL Austernsauce
1 EL helle Sojasauce
1 TL dunkle Sojasauce
1 EL chinesischer Kochwein (z. B. Shaoxing-Reiswein, alternativ Sherry)
2 EL Zucker
⅓ TL 5-Gewürze-Pulver
2 Knoblauchzehen
2 EL Honig

CHAR-SIU-BAO-SAUCE

1 Zwiebel
3 Lauchzwiebeln
2 EL Rapsöl
1 EL helle Sojasauce
1 EL dunkle Sojasauce
1 EL Austernsauce
½ EL Hoisin-Sauce
2 EL Zucker
2 EL Speisestärke

FÜR DEN TEIG

230 g Weizenmehl (Type 405) plus etwas mehr zum Arbeiten
30 g Speisestärke
60 g Puderzucker
1 Pck. (7 g) Trockenhefe
10 g Backpulver
1 TL heller Reisessig
1 EL Schmalz

ZUBEREITUNG

1 Tag vorher das Schweinefleisch marinieren. Dafür fermentierten Tofu, Hoisin-Sauce, Austernsauce, beide Sojasaucen, Kochwein, Zucker und 5-Gewürze-Pulver in einer Schüssel zusammenmischen. Knoblauchzehen schälen und dazureiben. Das Fleisch reinlegen, überall mit der Marinade bedecken und zugedeckt über Nacht in den Kühlschrank stellen. Als Alternative kann man auch einen großen Zip-Beutel verwenden.

Am nächsten Tag den Ofen auf 180 °C (Umluft) vorheizen, das marinierte Fleisch in eine Ofenform geben, auf den Rost legen und 45 Minuten im Ofen garen. Die restliche Marinade mit Honig vermischen und das Fleisch überall damit bepinseln. Weitere 15 Minuten in den Ofen stellen.

Für den Teig Mehl, Speisestärke, Puderzucker, Hefe, Backpulver und Reisessig mit 120 ml Wasser vermengen. Schmalz hinzufügen und zu einem geschmeidigen, glatten Teig verkneten. Abdecken und an einem warmen Ort 1 Stunde gehen lassen.

Vorbereitungszeit **1** Tag

Kochzeit **20** Minuten

In der Zwischenzeit für die Sauce Zwiebel schälen, Lauchzwiebeln putzen, waschen und beides grob klein schneiden. Im Wok oder in einer Pfanne mit Rapsöl anbraten und mit 200 ml Wasser ablöschen. Sojasaucen, Austernsauce, Hoisin-Sauce und Zucker dazugeben. Anschließend Zwiebel und Lauchzwiebeln rausfischen und die Brühe mit einem klumpenfreien Gemisch aus Speisestärke und 4 EL Wasser andicken. Das Stück Char-Siu-Fleisch in kleine Würfel schneiden und in die Sauce geben. Alles gut miteinander vermengen und kurz abkühlen lassen.

Etwas Mehl auf die Arbeitsplatte streuen. Den Teig zu einer langen Rolle formen und in 10 gleich große Stücke teilen. Mit den Händen die Stücke flach drücken und dann zu einem runden, etwas dickeren Teigblatt (ca. Ø 9 cm) ausrollen. Jeweils 1,5 EL Füllung in die Mitte des Teigblattes geben, die Ränder nach oben hin zusammenfalten und fest verschließen.

Die fertigen Baos mit ein bisschen Abstand zueinander auf einem Baumwolltuch oder Backpapier mit Löchern in den Bambusdämpfer legen, zugedeckt noch mal 20 Minuten ruhen lassen und anschließend 10 Minuten dampfgaren. Sie sind perfekt, wenn der Teig nach dem Dämpfen oben leicht aufreißt.

TIPP

Das Char-Siu-Fleisch könnt ihr auch auf einem Grill zubereiten. Und wenn ihr schon dabei seid, gerne auch etwas mehr davon machen. Ihr könnt Char Siu super mit Reis zusammen essen oder als Zutat für Nudelgerichte verwenden.

NAI HUANG BAO

15 STÜCK

Chinesische Teigtaschen mit Puddingcreme-Füllung

Baozi (gedämpfte gefüllte Teigtaschen) kennen sicher viele. Die Füllung kann variieren: Neben den vielen herzhaften Varianten gibt es auch süße Füllungen. Davon sind diese Teigtaschen, gefüllt mit der süßen Milch-Eier-Creme, definitiv meine Lieblinge. Nai Huang Bao ist in China sehr beliebt und egal ob als Nachtisch oder für zwischendurch, der süßen Versuchung kann keiner widerstehen.

ZUTATEN

FÜT DEN TEIG

3 g Trockenhefe
(alternativ 9 g frische Hefe)
1 TL Zucker
300 g Weizenmehl
2 EL Öl

FÜR DIE FÜLLUNG

2 Eier (Größe L)
100 ml Milch
50 g Zucker
Salz
20 g Weizenmehl
10 g Speisestärke
30 g Milchpulver
40 g Butter

TIPP

Die Rote-Bohnen-Paste ist ebenfalls eine sehr beliebte Füllung für süße Teigtaschen. Wenn ihr davon bei Ba Bao Fan (S. 58) etwas übrig habt, könnt ihr diese auch für Baozi verwenden.

ZUBEREITUNG

Hefe mit Zucker in 170 ml lauwarmes Wasser einrühren und 10 Minuten stehen lassen. Das Mehl in eine große Schüssel geben, das Hefegemisch und das Öl hinzufügen und alles zu einem geschmeidigen glatten Teig verkneten. Nehmt euch Zeit dafür, es dauert ungefähr 30 Minuten, bis der Teig fertig geknetet ist. Dann mit einem Tuch abdecken und bei Raumtemperatur 40 Minuten gehen lassen.

Für die Füllung die Eier mit der Milch in einem Topf verrühren, Zucker und 1 Prise Salz dazugeben. Mehl, Speisestärke und Milchpulver mischen, durchsieben und nach und nach zufügen. Mit einem Schneebesen alles gut verrühren. Die Butter hinzufügen.

Anschließend die Mischung erwärmen und unter ständigem Rühren bei niedriger Hitze so lange auf dem Herd lassen, bis ein puddingartiger Teigklumpen entstanden ist. Aus dem Topf nehmen und auf einen Teller legen. Mit Frischhaltefolie den Teig luftdicht umschließen und abkühlen lassen. Dann in 15 gleich große Portionen teilen und zu Kugeln formen. Mit Frischhaltefolie abdecken und zur Seite stellen.

Etwas Mehl auf die Arbeitsfläche streuen, den Hefeteig durchkneten und zu einer langen Rolle formen. Dann in 15 gleich große Portionen teilen und jeweils kreisförmig ausrollen. Dabei sollten die Teigblätter ungefähr Ø 9 cm haben, in der Mitte relativ dick sein und zu den Rändern hin dünner auslaufen. Anschließend die Füllung mittig daraufsetzen, den Teig nach oben hin zusammendrücken und fest verschließen. Umdrehen und mit der runden, glatten Seite nach oben zeigend in den Dampfgarer legen. Damit die Teigtaschen später nicht am Boden festkleben, entweder ein Stück Backpapier zurechtschneiden und unter jede Teigtasche legen oder diese mit etwas Öl bestreichen. Nochmals im Dampfgarer mit geschlossenem Deckel 20 Minuten gehen lassen. Danach 12 Minuten dampfgaren. Herd ausschalten, die Teigtaschen aber weitere 10 Minuten im Dampfgarer ruhen lassen. Deckel öffnen und warm servieren.

VORBEREITUNGSZEIT 2 STUNDEN

KOCHZEIT 22 MINUTEN

NAN GUA BING

10 STÜCK

Chinesische Kürbisküchlein

Nan Gua Bing ist der perfekte süße Snack in der Kürbiszeit. Ihr braucht dafür nur wenige Zutaten und das Gericht ist ganz einfach und schnell gemacht. Das solltet ihr unbedingt mal ausprobieren! Ihr werdet die leckeren Küchlein aus Klebreismehl lieben, denn sie sind außen knusprig und innen unglaublich saftig und köstlich.

ZUTATEN

300 g Kürbis (ohne Kerne)
30 g Zucker
180 g Klebreismehl
Sesam
Rapsöl

TIPP

Nan Gua Bing könnt ihr auch mit einer Rote-Bohnen-Paste füllen. Diese gibt's im Asia-Supermarkt fertig zu kaufen oder ihr könnt sie selber herstellen: siehe S. 102.

ZUBEREITUNG

Kürbis schälen, in Scheiben schneiden und 10 Minuten dampfgaren. Überschüssiges Wasser abgießen. Den weichen, gegarten Kürbis in eine große Schüssel geben, zu einem Mus stampfen oder pürieren. Zucker hinzufügen und gut vermischen. Peu à peu das Klebreismehl dazugeben und alles zu einem geschmeidigen, glatten Teig verkneten.

Den Teig in 10 gleich große Stücke teilen und jeweils zu einer Kugel formen. Die Kugeln in Sesam wälzen und anschließend mit den Händen flach drücken.

Genügend Rapsöl in eine beschichtete Pfanne geben, sodass der Boden komplett mit Öl bedeckt ist. Die Kürbisküchlein darin beidseitig (ca. 2 Minuten pro Seite) goldbraun ausbacken und warm servieren.

INFO

Ihr könnt alle Kürbissorten dafür verwenden, ich bevorzuge den Hokkaido-Kürbis.

VORBEREITUNGSZEIT 40 MINUTEN

KOCHZEIT 8 MINUTEN

JAPAN

Japan – das Land der aufgehenden Sonne. Dort gilt Reis als Grundnahrungsmittel und auf den Tisch kommen zudem viel Fisch, Meeresfrüchte und Meerespflanzen. Die japanische Küche ist fettarm und sparsam mit Gewürzen, damit der Eigengeschmack des jeweiligen Produktes besser zur Geltung kommt. Wer in Japan isst, sollte auf seine Tischmanieren achten. Schmatzen und Schlürfen ist aber erlaubt bzw. sogar erwünscht, das zeigt dem Koch, dass das Essen schmeckt.

DASHI selbst machen

ZUBEREITUNGSZEIT 1 STUNDE

1 LITER

Dashi ist eine klare Brühe und eine Grundlage der japanischen Küche. Dashi-Brühe wird bei vielen Gerichten verwendet, vor allem auch bei der Miso-Suppe. Sie ist voller Umami-Aroma und intensiviert den Geschmack jedes Gerichts. Man kann fertige Dashi-Brühe in Pulverform im Asia-Supermarkt kaufen, aber es ist auch nicht schwer, sie selbst herzustellen.

ZUTATEN

1 getrockneter Seetang (Kombu, ca. 10 g)
10 g Katsuobushi (Bonitoflocken)

ZUBEREITUNG

Seetang mit der Schere klein schneiden, in einen Topf mit 1 Liter Wasser geben und mind. 30 Minuten einweichen. Das Wasser mit dem Kombu bei mittlerer Hitze langsam zum Kochen bringen, kurz vor dem Kochen Kombu wieder entfernen. Dann Katsuobushi dazugeben und einmal aufkochen lassen. Anschließend den Herd ausschalten und den Topf 10 Minuten stehen lassen. Danach die Brühe durch einen Sieb abgießen und fertig!

TIPP

Für eine vegetarische bzw. vegane Dashi-Variante anstatt Katsuobushi getrocknete Shiitake-Pilze verwenden.

INFO

Frische Dashi-Brühe lässt sich im Kühlschrank bis zu 3 Tage aufbewahren, für länger kann man sie auch einfrieren.

MISO-Suppe

VORBEREITUNGSZEIT 5 MINUTEN

KOCHZEIT 15 MINUTEN

4-5 PORTIONEN

Miso-Suppe ist ein japanisches Nationalgericht. Dort gibt es sie schon zum Frühstück. Hier ist die leckere und gesunde Suppe eine beliebte Vorspeise. Miso-Suppe kann mit verschiedenen Miso-Pasten zubereitet werden. Alle sind ein bisschen unterschiedlich im Geschmack.

ZUTATEN

350 g Seidentofu
1 Lauchzwiebel
1 l Dashi-Brühe (alternativ 1 l Wasser + 8 g Dashi-Pulver)
3 EL Miso-Paste deiner Wahl
8 g Fueru-Wakame-Algen

ZUBEREITUNG

Zuerst den Tofu in Würfel schneiden. Die Lauchzwiebel putzen, waschen und in Ringe schneiden.

Nun in einem Topf die Dashi-Brühe erwärmen und die Miso-Paste unterrühren. Es empfiehlt sich, die Paste zuerst auf der Schöpfkelle in der Brühe aufzulösen und dann zu verteilen. Anschließend die Wakame-Algen und die Tofustücke hineingeben, vorsichtig umrühren und 10 Minuten in der Suppe ziehen lassen.

Lauchzwiebel drüberstreuen und die Suppe in einer kleinen Schüssel servieren.

Xians Videoanleitung für das Rezept auf YouTube unter
bit.ly/3CgoPnu

GYOZA

25 STÜCK

Gefüllte Teigtaschen gibt es in vielen Ländern und jedes Land hat seine eigenen Variationen. In Japan sind diese als Gyoza bekannt. Man kann sie sowohl als Vorspeise als auch als Hauptgericht servieren.

ZUTATEN

FÜR DEN TEIG

Salz
250 g Weizenmehl (plus etwas mehr)

FÜR DIE FÜLLUNG

3 Chinakohlblätter
Salz
2 Knoblauchzehen
1 daumengroßes Stück frischer Ingwer
2 Lauchzwiebeln
400 g Schweinehackfleisch
gemahlener weißer Pfeffer
1 EL helle Sojasauce
1 EL geröstetes Sesamöl
1 TL Hühnerbrühepulver (alternativ Gemüsebrühe)
½ TL Zucker

FÜR DIE SAUCE

50 ml helle Sojasauce
50 ml Reisessig
1 TL geröstetes Sesamöl
1 TL gerösteter Sesam
2 TL Honig (alternativ Ahornsirup)
1 TL Rayu (japanisches Chiliöl, nach Belieben)

AUSSERDEM

Rapsöl

TIPP

Gyozas lassen sich wunderbar im „rohen" Zustand einfrieren und halten so mehrere Monate im Gefrierfach. Bei Bedarf einfach herausholen und direkt in der Pfanne, wie beschrieben, zubereiten. Ein paar Minuten länger dämpfen lassen, da sie innen gefroren sind.

ZUBEREITUNG

Für den Teig 130 ml Wasser mit ½ TL Salz aufkochen. Das Wasser langsam unter Rühren zum Mehl geben. Mit den Händen ca. 10 Minuten zu einem geschmeidigen Teig kneten. Anschließend den Teig in Frischhaltefolie einwickeln und 30 Minuten ruhen lassen.

Für die Füllung den Chinakohl waschen und klein schneiden, etwas salzen und kurz stehen lassen, bis Wasser austritt. Knoblauch und Ingwer schälen, klein hacken. Die Lauchzwiebeln putzen, waschen und ebenfalls klein schneiden. Das überschüssige Wasser aus dem Chinakohl mit den Händen ausdrücken. In einer großen Schüssel Fleisch, Chinakohl, Knoblauch, Ingwer und Lauchzwiebeln mischen und mit ½ TL Salz, Pfeffer, Sojasauce, Sesamöl, Brühe und Zucker würzen. Alles gut miteinander vermengen.

Etwas Mehl auf die Arbeitsfläche streuen. Den Teig zu einer langen Rolle formen und in 25 gleich große Portionen teilen. Mit den Händen die Stücke jeweils zuerst zu einer Kugel formen, flach drücken und dann zu einem runden Teigblatt (Ø ca. 9 cm) dünn ausrollen. Restlichen Teig immer abdecken, damit er nicht austrocknet. Dasselbe gilt für die fertigen Teigblätter. Beim Übereinanderstapeln darauf achten, immer genügend Mehl zwischen den Blättern zu verteilen, damit sie nicht zusammenkleben.

Jeweils ca. 2 TL Füllung in die Mitte eines Teigblattes geben, die Ränder mit etwas Wasser befeuchten, umklappen und fest zusammendrücken. Die fertigen Teigtaschen mit Frischhaltefolie abdecken.

Etwas Öl in einer Pfanne erhitzen. Die Hälfte der Teigtaschen mit Abstand zueinander hineinlegen. 2–3 Minuten anbraten, bis der Boden goldbraun geworden ist. Dann 60 ml Wasser dazugeben und die Pfanne zudecken. 5 Minuten dämpfen. Wenn das Wasser verkocht, ggf. Wasser nachfüllen. Mit der anderen Hälfte genauso verfahren. Für die Sauce alle Zutaten miteinander vermischen.

Die Teigtaschen auf Tellern anrichten und jeweils mit einem Schälchen Sauce heiß servieren.

VORBEREITUNGSZEIT 2 STUNDEN

KOCHZEIT 25 MINUTEN

EDAMAME

KOCHZEIT 8 MINUTEN

4 PORTIONEN

Edamame sind unreif geerntete Sojabohnen. Gekocht schmecken sie nussig und leicht süßlich. In Japan gibt es sie in Kneipen zum Bier. Hier werden sie als Vorspeise serviert. Die Schale wird nicht gegessen, sondern die Bohne ausgedrückt bzw. rausgesaugt. Dieser grüne Snack ist nicht nur lecker, sondern auch gesund!

ZUTATEN

Meersalz
500 g Edamame (Sojabohnen in der Schale, tiefgekühlt, aus dem Asia-Supermarkt)

ZUBEREITUNG

Ca. 1 l Wasser in einem Topf mit 1 TL Salz zum Kochen bringen. Die gefrorenen Edamame hineingeben und darin 5–7 Minuten kochen.

In ein Sieb abgießen und in kleinen Schälchen servieren. Zum Schluss noch mit Meersalz bestreuen.

WAKAME

ZUBEREITUNGSZEIT 10 MINUTEN

4 PORTIONEN

Diesen leckeren Algensalat kennen bestimmt viele aus Sushi-Restaurants. Ich esse ihn sehr gern zu meinem Sushi. Er schmeckt ein bisschen nach Meer und ist knackig im Biss. Außerdem sind Algen in Maßen sehr gesund.

ZUTATEN

50 g getrocknete Mekabu-Wakame-Algen

FÜR DAS DRESSING

1 EL helle Sojasauce
3 EL Reisessig
1 EL Mirin (süßer Reiswein, nach Belieben)
2 TL Zucker
1 EL geröstetes Sesamöl
1 EL weißer gerösteter Sesam
1 TL Chiliflocken (alternativ frische Chilischoten, nach Belieben)

ZUBEREITUNG

Algen 5 Minuten in lauwarmem Wasser einweichen. Anschließend in einem Sieb abtropfen lassen, zusätzlich mit den Händen das überschüssige Wasser ausdrücken und die Algen in eine Schüssel geben.

Alle Zutaten für das Dressing miteinander verrühren und über die Algen geben. Gut vermengen.

Vor dem Servieren 1 Stunde abgedeckt im Kühlschrank ziehen lassen und dann in kleinen Schälchen zu Sushi, als Vorspeise oder Beilage servieren.

TIPP

Den Wakame-Algensalat könnt ihr auch als Füllung für Gunkanmaki verwenden.

SUSHI

Maki, Inside-Out-Rolls, Nigiri

4 PORTIONEN

Sushi ist neben Ramen vermutlich das bekannteste Gericht aus Japan. Auch ich bin ein absoluter Sushi-Fan und könnte es immer essen, am liebsten natürlich selbst gemacht. Das ist auch gar nicht so schwer. Mit der richtigen Technik und ein bisschen Übung könnt ihr im Handumdrehen wunderschöne Sushiplatten zusammenstellen. Fast zu schade, um sie zu essen.

ZUTATEN

300 g Sushi-Reis
Reisessig
5 Noriblätter (Meeresalgen)
Wasabi
Tobiko (Fischrogen)
gerösteter Sesam
eingelegter Ingwer
Sojasauce

FÜR DIE REIS-WÜRZSAUCE

120 ml Reisessig
4 EL Zucker
4 TL Salz

FÜR DIE FÜLLUNG UND DEN BELAG

Lachs (Sashimi-Qualität)
Thunfisch (Sashimi-Qualität)
Tamagoyaki (japanisches Omelett)
1 Bio-Salatgurke
1 Avocado
1 eingelegter Rettich
Ebi-Garnelen
Surimi-Sticks

TIPP

Fertige Rollen mit Frischhaltefolie abdecken und im Kühlschrank aufbewahren, bis sie aufgeschnitten werden.

Nigiri-Sushi sollte immer frisch gegessen werden. Aber wenn ein paar Rollen übrig bleiben, so könnt ihr diese in Frischhaltefolie einwickeln, in den Kühlschrank legen und am nächsten Tag Tempura-Sushi daraus machen. Sushi dafür zuerst in Tempurateig wälzen und dann frittieren.

ZUBEREITUNG

Sushi-Reis waschen. Im Reis-Wasser-Verhältnis von 1:1,5 kochen. Inzwischen für die Würzsauce Reisessig, Zucker und Salz im Topf verrühren, erhitzen, bis sich alles aufgelöst hat. Abkühlen lassen. Fertigen Reis in eine große Holzschüssel geben, Würzsauce daraufgeben. Vorsichtig vermengen, mit einem Tuch abdecken. Abkühlen lassen.

Für die Füllung und den Belag Lachs und Thunfisch jeweils in Scheiben und Streifen schneiden. Tamagoyaki in Scheiben schneiden. Gurke waschen, entkernen, Gurke in ca. 10 cm lange Sticks schneiden. Avocado halbieren, entkernen und die Avocado in Steifen schneiden. Rettich ebenfalls in dünne Sticks schneiden.

Rollmatte mit Frischhaltefolie doppelt einwickeln. In einer Schüssel Wasser mit 2 EL Reisessig verrühren. Noriblätter zurechtschneiden: Für Maki-Rollen reicht ein halbes, für Inside-Out-Rollen zwei Drittel und für große Rollen ein ganzes Blatt. Mit der glatten Seite nach unten auf die Rollmatte legen, Hände mit Essigwasser befeuchten. Eine dünne Schicht Reis auf dem Blatt verteilen, leicht andrücken und oben am Rand einen kleinen Streifen frei lassen. Rolle nach Belieben belegen.

Bei Maki-Rollen am besten eine Füllung verwenden. In die großen Futomaki-Rollen passen mehreren Zutaten. Zusammenrollen und dabei immer wieder fest zusammendrücken. Bei Inside-Out-Rollen das komplette Blatt mit Reis bedecken, etwas Tobiko oder Sesam darauf verteilen, vorsichtig wenden, mit 2–3 Zutaten belegen und fest zusammenrollen. Messerklinge mit Wasser befeuchten und die Rollen in 6–8 gleich große Stücke schneiden.

Für Nigiri-Sushi Hände gut befeuchten, ein bisschen Reis in einer Hand zum ovalen Ball formen. Gewünschten Fischbelag auf die andere Handfläche legen, etwas Wasabi daraufgeben, Reisball drauflegen und fest zusammendrücken. Bei Tamago und Surimi-Nigiri den Belag drauflegen und mit einem dünnen Noristreifen umwickeln.

Sushi auf einer Platte anrichten, mit ein bisschen Wasabi, eingelegtem Ingwer und einem Schälchen Sojasauce servieren.

SO WIRD GEGESSEN!

Wasabi nach Belieben aufs Sushi geben und kurz in die Sojasauce tunken. Bei Nigiri-Sushi mit der Fischseite nach unten in die Sauce tunken, damit der Reis sich nicht mit zu viel Sojasauce vollsaugt und auseinanderfällt. Zwischendurch ein Stück Ingwer essen, um den Geschmack zu neutralisieren.

Xians Videoanleitung für das Rezept auf YouTube unter
bit.ly/3CjQRyv

VORBEREITUNGSZEIT 1 STUNDE

ZUBEREITUNGSZEIT 45 MINUTEN

TONKATSU

2 PORTIONEN

Tonkatsu ist das japanische Wiener Schnitzel. Hier hat sicherlich der westliche Einfluss eine Rolle gespielt. Die japanische Variante ist allerdings in vielerlei Hinsicht anders. Also ran an den Herd, ausprobieren und selbst entscheiden, welches euch besser schmeckt!

ZUTATEN

100 g Weißkohl
2 kleine Tomaten und 1 Zitrone (nach Belieben)
300 g Schweinefleisch (z. B. 2 Schnitzel, Koteletts ohne Knochen oder Filet, 3 cm dick)
Salz
gemahlener schwarzer Pfeffer
Rapsöl zum Frittieren
50 g Weizenmehl
1 Ei (Größe L)
50 g Panko (japanisches Paniermehl)

FÜR DIE SAUCE

3 EL helle Sojasauce
4 EL Worcestershiresauce
3 EL Ketchup
3 TL brauner Zucker
1 TL gerösteter Sesam (nach Belieben)

ZUBEREITUNG

Den Weißkohl putzen und in sehr feine Streifen schneiden. Ggf. Tomate waschen, vierteln und Zitrone in Spalten schneiden.

Für die Sauce alle Zutaten miteinander vermischen.

Das Schweinefleisch von beiden Seiten salzen und pfeffern. Mit dem Messer an den Seiten leicht einschneiden und mit einer Gabel ein paarmal hineinstechen. Zur Seite legen.

Ausreichend Öl in einem Wok oder einem hohen Topf auf 180 °C erhitzen. In tiefen Tellern je etwas Mehl, ein verquirltes Ei und Panko verteilen.

Die Schnitzel nacheinander im Mehl wälzen, das überschüssige Mehl abklopfen, dann durch die Eiermasse ziehen und zum Schluss im Panko wenden. Fest andrücken, sodass alles haften bleibt. Das Fleisch sollte rundherum mit Panade bedeckt sein. Anschließend vorsichtig ins heiße Öl gleiten lassen. Von beiden Seiten 5–6 Minuten goldbraun frittieren. Herausnehmen und auf Küchenpapier abtropfen lassen.

Fertiges Schnitzel in etwa 2 cm breite Streifen schneiden. Zuerst ein Häufchen geschnittenen Kohl auf einen Teller setzen, die Schnitzelstücke daneben- oder darauflegen und mit Tomatenstücken und Zitronenspalten garnieren. Sauce darüberträufeln oder separat dazu servieren.

Für ein Menü zusammen mit einer Schüssel Reis und Miso-Suppe (Rezept S. 82) servieren.

VORBEREITUNGSZEIT 20 MINUTEN

KOCHZEIT 10 MINUTEN

CHICKEN *Teriyaki*

2–3 PORTIONEN

Chicken Teriyaki ist ein echter Klassiker! Das Hähnchen schmeckt herrlich würzig, mit einer süßen Note. Das Gericht ist unkompliziert und schnell zubereitet.

ZUTATEN

2 Knoblauchzehen
Lauchzwiebel zum Garnieren (nach Belieben)
150 g Weizenmehl
Salz
gemahlener schwarzer Pfeffer
600 g Hähnchenbrustfilet (alternativ Hähnchenschenkel mit Haut, ohne Knochen)
Rapsöl zum Braten
6 EL helle Sojasauce
3 EL Mirin (süßer Reiswein, nach Belieben)
2 EL Zucker
1 EL gerösteter Sesam (plus etwas mehr)

ZUBEREITUNG

Knoblauch schälen und fein reiben oder klein hacken. Lauchzwiebel putzen, waschen und in kleine Ringe schneiden.

Das Mehl in eine große Schüssel geben, 1 TL Salz und etwas Pfeffer untermengen. Das Hähnchen in mundgerechte Stücke schneiden und in der Mehlmischung wälzen, sodass es überall mit der Panade bedeckt ist.

Anschließend etwas Öl in einem Wok oder einer Pfanne erhitzen und die Hähnchenstücke darin goldbraun braten. Herausnehmen und beiseitelegen.

In den heißen Wok oder die Pfanne Sojasauce, Mirin, Zucker, etwas Pfeffer, Knoblauch und Sesam geben. Umrühren und kurz aufkochen, bis sich der Zucker aufgelöst hat. Dann die Hähnchenstücke wieder dazugeben, alles gut mit der Sauce vermischen und köcheln lassen, bis die Sauce dickflüssig wird.

Mit Lauchzwiebelringen und geröstetem Sesam bestreuen und mit einer Schüssel Reis oder etwas Gemüse servieren.

VORBEREITUNGSZEIT 10 MINUTEN

KOCHZEIT 10 MINUTEN

GEMÜSE-
Tempura

2–3 PORTIONEN

Tempura bezeichnet in der japanischen Küche eine Zubereitungsart frittierter Speisen. Dabei ist der Teigmantel dünn, luftig und sehr knusprig. Es dominiert nicht der Geschmack einer dicken Panade, sondern der Eigengeschmack des Frittierguts soll durch das Fett verstärkt werden. Viele verschiedene Sorten an Gemüse lassen sich auf diese Art und Weise zubereiten.

ZUTATEN

FÜR DIE GEMÜSEAUSWAHL

Kartoffel
Süßkartoffel
Aubergine
Zucchini
Möhre
Brokkoli
Pilze
Bohnen
Lotuswurzel
Spargel

FÜR DEN TEIG

1 Ei (Größe L)
180 ml eiskaltes Wasser
80 g Weizenmehl
40 g Speisestärke
5 g Backpulver
Salz

FÜR DEN DIP

250 ml Dashi (japanischer Fischsud; alternativ Wasser)
60 ml helle Sojasauce
60 ml Mirin (süßer Reiswein)
2 TL Zucker

AUSSERDEM

Rapsöl

TIPP

Wählt eure persönlichen Lieblingsgemüsesorten aus. Am besten portionsweise frittieren. Sollte der Tempurateig nicht so gut am Gemüsestück haften, dann dieses zuerst in etwas Weizenmehl wälzen und dann erst in den Teig tunken.

ZUBEREITUNG

Das Gemüse waschen, ggf. schälen und in mundgerechte Stücke schneiden. Die Form ist euch überlassen. Ich bevorzuge bei den meisten Gemüsesorten Scheiben oder etwas dickere Streifen.

Für den Tempurateig das Ei mit dem Eiswasser in einer großen Schüssel verquirlen. In einer separaten Schüssel Weizenmehl, Speisestärke, Backpulver und 1 Prise Salz mischen. In die Schüssel mit der Eimischung sieben. Ein paarmal kräftig rühren, sodass sich Bläschen bilden, aber nicht zu lange rühren.

Für den Dip alle Zutaten in einem Topf zusammen verrühren, einmal aufkochen und abkühlen lassen.

Ausreichend Öl in einen Wok oder einen hohen Topf geben und auf 180 °C erhitzen. Stellt sicher, dass das Öl heiß genug ist, bevor ihr das Gemüse hineingebt.

Nun das Gemüse in den Tempurateig tauchen und vorsichtig in das heiße Öl gleiten lassen. Je nach Gemüsesorte 2–3 Minuten frittieren. Herausnehmen und das überschüssige Fett auf Küchenpapier abtropfen lassen.

Zum Anrichten die frittierten Gemüsestücke aufrecht und dekorativ auf einen Teller stellen. Zusammen mit einer Schüssel Reis und dem Dip (in kleinen Schälchen portioniert) servieren.

ZUBEREITUNGSZEIT 35 MINUTEN

RAMEN

4 PORTIONEN

Ramen sind eine bestimmte Art japanischer Nudeln. Die daraus hergestellte Nudelsuppe wird auch als Ramen bezeichnet. Die Nudeln stammen ursprünglich aus China, kamen im 19. Jahrhundert nach Japan, dort wurden sie weiter verfeinert und zählen mittlerweile zum Kulturgut. Es gibt viele verschiedene Ramen-Typen: Shoyu, Miso, Shio und Tonkotsu, und auch bei den Einlagen kann je nach Geschmack variiert werden. In diesem Rezept stelle ich euch eins meiner Lieblinge vor: Miso-Ramen.

ZUTATEN

FÜR DIE RAMEN-EIER

100 ml helle Sojasauce
100 ml Mirin (süßer Reiswein)
4 Eier (Größe L)

FÜR DEN CHASHU (JAPANISCHER SCHWEINEBAUCH)

1 daumengroßes Stück frischer Ingwer
2 Knoblauchzehen
1 Lauchzwiebel
500 g Schweinebauch
100 ml helle Sojasauce
100 ml Sake (Reiswein)
80 g brauner Zucker

FÜR DIE BRÜHE

½ Zwiebel
2 Knoblauchzehen
1 daumengroßes Stück frischer Ingwer
2 EL gerösteter Sesam
Rapsöl zum Braten
1 TL Chili-Bohnen-Sauce
3 EL Miso-Paste
1 EL brauner Zucker
1 l Hühnerbrühe
2 EL Sake (Reiswein)
Salz
gemahlener weißer Pfeffer

AUSSERDEM

250 g Ramen-Nudeln
2 Lauchzwiebeln
2 Noriblätter
100 g Enoki-Pilze
4 EL Mais

ZUBEREITUNG

1 Tag vorher die Eier zubereiten. Dafür 250 ml Wasser, Sojasauce und Mirin vermischen, kurz aufkochen, dann abkühlen lassen. Die Eier in Wasser bei mittlerer Hitze 6 Minuten köcheln lassen, sofort mit kaltem Wasser abschrecken, dann pellen und in eine Schüssel legen. Die Saucenmischung drübergeben. Luftdicht abdecken und im Kühlschrank 1 Tag ziehen lassen.

Für den Chashu Ingwer schälen, in 0,5 cm dicke Scheiben schneiden. Knoblauch schälen, Lauchzwiebel putzen, waschen und grob zerkleinern. Den Schweinebauch zu einer Rolle zusammenrollen und mit Küchengarn fest zusammenbinden.
In einem Topf ohne Öl kurz von allen Seiten anbraten. Anschließend mit 500 ml Wasser ablöschen. Sojasauce, Sake, Zucker, Ingwer, Knoblauch und Lauchzwiebel dazugeben. Ggf. so viel Wasser nachfüllen, dass das Fleisch komplett bedeckt wird. Einmal aufkochen und dann bei niedriger Hitze für 1 ½ Stunden sanft köcheln lassen.

Für die Brühe Zwiebel schälen und würfeln. Knoblauch und Ingwer schälen und klein hacken. Sesam in einem Mörser zerstoßen und mahlen.
Etwas Öl in einen Topf geben, Zwiebel, Knoblauch und Ingwer darin kurz anbraten. Chili-Bohnen-Sauce dazugeben. Hitze reduzieren. Miso-Paste, gemahlenen Sesam und Zucker unterrühren, mit Hühnerbrühe ablöschen. Sake hinzugeben und die Brühe je nach Geschmack mit Salz und Pfeffer würzen.

Die Nudeln nach Packungsanweisung kochen und abgießen.

Schweinebauch in dünne Scheiben schneiden. Eier halbieren. Lauchzwiebeln waschen, putzen und das Grün in feine Ringe schneiden. Die Noriblätter vierteln. Die Brühe noch mal aufkochen und die Enoki-Pilze kurz hineinlegen, herausnehmen und bereitstellen.

Je nach Schüsselgröße 2–3 Kellen heiße Brühe in die Schüssel geben, jeweils eine Portion Nudeln fächerartig darauflegen. Schweinebauch, Eier, Pilze und Mais darauf anrichten. Jeweils 2 kleine Noriblätter an den Schüsselrand stecken. Heiß servieren.

KOCHZEIT
130
MINUTEN

OMURICE

2 PORTIONEN

Der Name Omurice ist eine Wortzusammensetzung aus Omu (Omelett) und Rice (Reis). Das Gericht besteht aus gebratenem Reis, meistens mit Hühnchen und Gemüse und einem lockeren Omelett. Das westlich geprägte Reisgericht ist in Japan sehr beliebt und begeistert schon seit Generationen Erwachsene und Kinder!

ZUTATEN

120 g weißer Rundkornreis
(z. B. Sushi-Reis)
200 g Hähnchenbrustfilet
1 Zwiebel
1 Knoblauchzehe
3 braune Champignons
1 Möhre
1 Handvoll junge Erbsen
(tiefgekühlt)
Rapsöl zum Braten
Salz
gemahlener schwarzer Pfeffer
15 g Butter
fein gehackte Petersilie
zum Garnieren

FÜR DIE SAUCE

2 EL helle Sojasauce
3 EL Worcestershiresauce
3 EL Ketchup
1 EL Austernsauce
1 EL brauner Zucker
200 ml Rotwein
(alternativ Traubensaft mit
etwas Aceto balsamico gemischt)
1 TL Hühnerbrühe
2 TL Speisestärke

FÜR DAS OMELETT

6 Eier (Größe L)
3 EL Milch
Salz

ZUBEREITUNG

Den Reis kochen (siehe Tipp S. 11). Das Hähnchen in kleine Stücke schneiden. Zwiebel und Knoblauch schälen und würfeln. Champignons putzen und in Scheiben schneiden. Die Möhre schälen und in dünne Streifen schneiden.

Für die Sauce alle Zutaten außer Speisestärke in einem Topf mischen, kurz aufkochen. Die Speisestärke mit etwas kaltem Wasser verrühren und in die Sauce einrühren. Zur Seite stellen.

Etwas Öl in einer Pfanne erhitzen. Zuerst die Zwiebel und den Knoblauch anbraten, dann das Hähnchen dazugeben und durchbraten. Anschließend das ganze Gemüse hineingeben und weiterbraten, bis die Champignons zusammenfallen. Den Reis in die Pfanne geben und das Ganze mit ½ TL Salz und etwas Pfeffer würzen. Die Butter und ca. 1 Schöpfkelle Sauce dazugeben. Alles gut vermischen und kurz weiterbraten. Den fertigen Reis auf Tellern anrichten. Dafür in eine Schüssel geben, fest andrücken und stürzen, so bekommt der Reis eine schöne Form.

Für das Omelett die Eier verquirlen und durch ein Sieb streichen. Milch und 1 Prise Salz unterrühren. Etwas Öl in einer kleinen Pfanne erhitzen. Aus der Hälfte der Eimasse darin ein locker-fluffiges Omelett ausbacken. Mit der übrigen Eiermasse genauso verfahren.

Fertige Omeletts jeweils über den Reis geben. Ggf. die Sauce noch mal erwärmen und darübergießen. Mit etwas Petersilie bestreuen und warm servieren. Am besten mit einem Löffel essen.

TIPP

Es gibt verschiedene Techniken, wie das Omelett schön drapiert werden kann. Ihr könnt es nur leicht umrühren, einen Wirbel daraus formen, umklappen und eine Art Beutel erzeugen oder auch den Reis direkt in die Pfanne auf das Omelett geben und einrollen. Bei der Beutelvariante beim Anrichten zuerst in der Mitte aufschneiden und dann die Sauce darübergeben.

Xians Videoanleitung für
das Rezept auf YouTube unter
bit.ly/3C4VBYV

VORBEREITUNGSZEIT 30 MINUTEN

KOCHZEIT 30 MINUTEN

YAKI *Udon*

1 PORTION

Udon-Nudeln sind die dicksten Nudeln der japanischen Küche und haben eine ganz besondere Konsistenz. Ich persönlich mag die Udon-Nudeln am liebsten gebraten, denn sie saugen sich mit Sauce voll und schmecken dadurch unglaublich würzig!

ZUTATEN

80 g mageres Rindersteak
½ Zwiebel
½ Möhre
3 braune Champignons
60 g Spitzkohl
1 Lauchzwiebel
1 Packung Udon-Nudeln (200 g)
Rapsöl
Salz
gemahlener schwarzer Pfeffer

FÜR DIE SAUCE

2 EL Austernsauce
2 EL dunkle Sojasauce
1 EL Mirin (süßer Reiswein)
1 TL Reisessig
1 TL geröstetes Sesamöl
2 TL brauner Zucker

ZUBEREITUNG

Das Fleisch in mundgerechte Stücke schneiden. Zwiebel und Möhre schälen und in dünne Streifen schneiden. Die Champignons putzen und in Scheiben schneiden. Den Spitzkohl ebenfalls putzen und in Streifen schneiden. Die Lauchzwiebel putzen, waschen und in Ringe schneiden.

Für die Sauce alle Zutaten vermischen und beiseitestellen.

Die Udon-Nudeln für ca. 2 Minuten in Wasser kochen, bis sie auseinanderfallen und weich geworden sind. Dann abgießen und mit kaltem Wasser abschrecken. Etwas Öl dazugeben, damit sie nicht zusammenkleben.

Etwas Öl in einer Pfanne erhitzen. Die Zwiebel kurz anbraten, das Fleisch dazugeben und scharf anbraten, leicht salzen und pfeffern. Dann Möhre, Champignons und Spitzkohl hineingeben und weiterbraten. Anschließend die Nudeln hinzufügen und die Sauce darübergießen. Alles gut vermischen. Zum Schluss noch ein Drittel der Lauchzwiebelringe unterheben. Mit den übrigen Lauchzwiebelringen garniert servieren.

VORBEREITUNGSZEIT 15 MINUTEN

KOCHZEIT 10 MINUTEN

MOCHI

ZUBEREITUNGSZEIT 2,5 STUNDEN

10 STÜCK

Die runden Klebreisbällchen sind eine beliebte Süßspeise aus Japan. Man isst sie dort z. B. gern als Snack zum Tee. Traditionell gibt es sie vor allem zu Neujahr. Weil die ursprüngliche Herstellungsweise sehr aufwendig ist, verwendet man heute Klebreismehl zur Zubereitung. Bei der Füllung gibt es viele Varianten, z. B. mit der typischen Rote-Bohnen-Paste Anko.

ZUTATEN

85 g Klebreismehl
50 g Zucker
Speisestärke

FÜR DIE BOHNENPASTE

150 g Azukibohnen
125 g brauner Zucker
Salz

ZUBEREITUNG

Bohnen waschen, in einem Topf mit Wasser zweimal kurz aufkochen und Wasser abgießen. Dann mit frischem Wasser auffüllen und bei mittlerer Hitze 105 Minuten köcheln lassen, bis die Bohnen aufplatzen. Zwischendurch umrühren, entschäumen und ggf. Wasser nachfüllen. Anschließend den Zucker und 1 Prise Salz dazugeben, alles miteinander vermengen. Mit einem Stabmixer fein pürieren. Weiterkochen, bis die Flüssigkeit reduziert ist, und abkühlen lassen.

Klebreismehl und Zucker mischen. 150 ml Wasser langsam unter ständigem Rühren dazugeben. Die Mischung über einem Wasserbad erwärmen, stets umrühren, bis eine klebrige Masse mit etwas festerer Konsistenz entsteht. Den Mochi-Teig abkühlen lassen. Etwas Speisestärke auf der Arbeitsfläche verteilen und den Teig darauf etwa 4 mm dick ausrollen. Mit einem Dessertring oder Glas 10 runde Teigblätter ausstechen. Jeweils 1 TL Rote-Bohnen-Paste in die Mitte eines Teigblattes geben, Öffnung verschließen und zu einer Kugel zusammenformen.

DANGO

ZUBEREITUNGSZEIT 40 MINUTEN

5 SPIESSE

Dango wird wie Mochi aus Klebreismehl hergestellt. Die kleinen Kügelchen werden auf Holzspießen serviert. Es gibt verschiedene Varianten davon und mein persönlicher Liebling ist der Mitarashi-Dango, der mit einer dunklen Sauce gegessen wird.

ZUTATEN

250 g Klebreismehl
250 g Seidentofu

FÜR DIE SAUCE

65 g Zucker
65 ml helle Sojasauce
2 EL Speisestärke

ZUBEREITUNG

Klebreismehl und Tofu mischen, mit der Hand zu einem weichen Teig kneten. In 15 gleich große Portionen teilen und diese zu kleinen runden Kügelchen (Ø ca. 3,5 cm) formen.

In einem Topf Wasser aufkochen. Die Kugeln ins Wasser geben und darin so lange kochen, bis sie an die Oberfläche steigen, danach noch 2 Minuten länger kochen lassen. Herausnehmen und in Eiswasser abschrecken. Anschließend jeweils 3 Kügelchen auf einem Holzspieß aufspießen.

Für die Sauce alle Zutaten in einem Topf mit 250 ml Wasser vermischen und kochen lassen, bis sie angedickt ist. Warm halten.

Die Dango-Spieße in eine Pfanne legen und darin bei mittlerer Hitze beidseitig anbraten, bis sie leicht gebräunt sind. Dann auf einem Teller anrichten und die Sauce darübergießen.

TIPP

Für Mochi-Eis die Mochis mit der Eissorte eurer Wahl füllen und ins Tiefkühlfach stellen. Kalt genießen.

Xians Videoanleitung für das Rezept auf YouTube unter
bit.ly/4jjR0m9

Xians Videoanleitung für das Rezept auf YouTube unter
bit.ly/4g4qABZ

KOREA

Die koreanische Küche zeichnet sich aus durch würzig-scharfe Aromen, die sich in leckeren Hauptgerichten und vielen kleinen Beilagen wiederfinden. Auch Reis und das berühmte Kimchi gehören fast zu jeder Mahlzeit. Alles wird gleichzeitig aufgetischt und geteilt, denn Essen bedeutet in Korea Gemeinschaft und Beisammensein.

수작
요리
주가
와라와라 종각2호점
735-1676
BILLARD CLUB
당구클럽
BILLIARD CLUB
3F
국제식 대대
WARAWARA
원룸텔
에이원레지던스
723-3800
프리미엄 흑돼지 참숯구이 전문점

KIMCHI

Kimchi ist Koreas Nationalgericht und wird zu fast jeder Mahlzeit gereicht. Der Name bezeichnet sowohl die Zubereitungsart als auch das so fermentierte Gemüse. Im Grunde genommen kann man jede Gemüseart zu Kimchi verarbeiten. Überwiegend wird Chinakohl dafür verwendet, der durch die Fermentation haltbar gemacht wird und so den unverwechselbaren Kimchi-Geschmack erhält. Außerdem ist es ein absolutes Superfood, denn Kimchi enthält viele Ballaststoffe, Vitamine sowie Mineralstoffe und ist deshalb supergesund, auch für unsere Darmflora.

ZUTATEN

2 mittelgroße Chinakohlköpfe
Meersalz
gerösteter Sesam zum Garnieren

FÜR DIE KIMCHI-PASTE

4 EL Klebreismehl
1 EL Zucker
5 Knoblauchzehen
1 daumengroßes Stück frischer Ingwer
1 Zwiebel
2 Lauchzwiebeln
⅓ weißer Rettich
1 Möhre
4 EL Gochugaru (koreanische Chiliflocken)
4 EL Fischsauce (alternativ Sojasauce)

TIPP

Kimchi könnt ihr auch aus anderen Gemüsesorten herstellen. Probiert einfach aus, was eure Lieblings-Kimchi-Variante ist!

INFO

Im Kühlschrank aufbewahrt ist Kimchi mehrere Monate haltbar. Eigentlich wird es auch nie schlecht, es verändert mit der Zeit nur seinen Geschmack und wird immer säuerlicher, da die Fermentation langsam fortschreitet.

ZUBEREITUNG

Den Strunk vom Chinakohl etwas abschneiden, dann den Kopf bis zur Hälfte längs halbieren und auseinanderziehen, noch mal halbieren bzw. am Strunk einschneiden und auseinanderziehen. Die Viertel kurz in Wasser tauchen, zwischen den Blättern großzügig Salz verteilen und einreiben. 4 Stunden bei Raumtemperatur in einer großen Schüssel stehen lassen, bis Wasser ausgetreten und der Chinakohl biegsam und weich geworden ist. Dann das Salz an den Blättern wieder abwaschen. Zur Seite legen, abtropfen und trocknen lassen.

Für die Kimchi-Paste das Klebreismehl mit 500 ml kaltem Wasser in einem Topf klumpenfrei verrühren. Unter ständigem Rühren aufkochen, bis eine cremige, dickflüssige Masse entsteht. Anschließend den Zucker hinzufügen. Alles gut vermengen und abkühlen lassen. Knoblauch, Ingwer und Zwiebel schälen, in einen Mixer geben und fein mixen. Die Lauchzwiebeln, den Rettich und die Möhre waschen, ggf. putzen, schälen und in dünne Streifen schneiden. Alles zu der Masse in die Schüssel geben. Gochugaru und Fischsauce dazugeben und gut vermischen.

Nun den Chinakohl mit der Kimchi-Paste befüllen, indem jedes einzelne Blatt mit genügend Paste bestrichen wird. Den fertigen Chinakohl in luftdichte Behälter geben, den Rest der Paste daraufgeben und verschließen. Zunächst 2 Tage bei Raumtemperatur stehen lassen, um die Fermentation in Gang zu setzen. Dann mind. 1 Woche im Kühlschrank aufbewahren.

Vor dem Servieren mit Sesam bestreuen und als Beilage reichen. Weitere Gerichte mit Kimchi folgen auf den nächsten Seiten.

Xians Videoanleitung für das Rezept auf YouTube unter bit.ly/4arJkKv

VORBEREITUNGSZEIT 4 STUNDEN

ZUBEREITUNGSZEIT 45 MINUTEN

WARTEZEIT 9 TAGE

KIMCHI-
Pfannkuchen

1-2 PORTIONEN

Kimchi-Pfannkuchen sind wirklich einfach auf den Tisch gebracht. Und da in einem koreanischen Haushalt immer genügend Kimchi vorhanden ist, wird das Gericht auch oft und gern gegessen. Außen knusprig, innen weich und voller Geschmack.

ZUTATEN

200 g Kimchi (Rezept S. 106)
½ Zwiebel
2 Lauchzwiebeln
60 g Weizenmehl
Salz
½ TL Zucker
1 TL Gochujang (koreanische Chilipaste, nach Belieben)
Rapsöl zum Braten

TIPP

Das ist das Grundrezept für Kimchi-Pfannkuchen. Ihr könnt es nach Belieben erweitern und variieren, indem ihr weitere Gemüsesorten, wie z. B. Zucchini, Möhre, Paprika etc. hinzufügt. Für eine herzhaftere Version könnt ihr auch Schweinehackfleisch oder Garnelen dazugeben. Ggf. Mehl-Wasser-Menge anpassen.

ZUBEREITUNG

Kimchi klein schneiden. Zwiebel schälen, Lauchzwiebeln putzen, waschen und beides klein schneiden. Alles in eine große Schüssel geben, Mehl, 1 Prise Salz und Zucker hinzufügen. Mit 120 ml Wasser zu einem dickflüssigen Teig vermischen. Nach Belieben noch etwas extra Gochujang dazugeben.

Etwa 2 EL Rapsöl in die Pfanne geben und den Pfannkuchenteig hineingeben. Ca. 3 Minuten auf einer Seite braten, bis der Pfannkuchen goldbraun und knusprig wird. Dann wenden und die andere Seite ebenfalls knusprig braten. Ggf. noch etwas mehr Öl dazugeben. Nochmals wenden, dann auf einen Teller legen und wie eine Pizza in Stücke schneiden. Heiß und knusprig servieren.

ZUBEREITUNGSZEIT 12 MINUTEN

BIBIMBAP

3 PORTIONEN

Bibimbap ist ein sehr beliebtes koreanisches Reisgericht und bedeutet so viel wie „Reis umrühren". Serviert wird es mit unterschiedlichem Gemüse, Rindfleisch, einem Ei und der typischen koreanischen Chilipaste Gochujang. Und selbstverständlich darf Kimchi auch nicht fehlen.

ZUTATEN

400 g Rundkornreis
150 g frischer Spinat
100 g Mungobohnensprossen (alternativ Sojasprossen)
6 Knoblauchzehen
Salz
geröstetes Sesamöl
15 getrocknete Shiitake-Pilze
gemahlener schwarzer Pfeffer
helle Sojasauce
Zucker
1 Möhre
Rapsöl
½ Zucchini
250 g Rinderhackfleisch
3 Eier (Größe L)
150 g Kimchi (Rezept S. 106)
gerösteter Sesam

FÜR DIE SCHARFE SAUCE

etwas Knoblauch
½ EL Gochujang (koreanische Chilipaste)
2 TL helle Sojasauce
2 TL geröstetes Sesamöl
½ TL Zucker

TIPP

Die Zutaten von hell nach dunkel anbraten, nach Farben sortieren und auf dem Reis abwechselnd verteilen, sodass es eine schöne optische Farbkomposition ergibt. Für eine vegetarische Variante das Fleisch einfach weglassen.

ZUBEREITUNG

Den Reis kochen. Spinat und Sprossen waschen, Knoblauch schälen und klein schneiden.

Den Spinat zusammen mit einem Drittel des Knoblauchs anbraten, mit etwas Salz und 1 TL Sesamöl würzen.

Mungobohnensprossen 5–6 Minuten in Wasser kochen, herausnehmen und mit einem Drittel des Knoblauchs, ½ TL Salz und 2 TL Sesamöl würzen.

Shiitake-Pilze 15 Minuten in heißem Wasser einweichen, in Streifen schneiden und anbraten. Mit ½ TL Salz, etwas Pfeffer, 1 TL Sojasauce und ½ TL Zucker würzen.

Möhre schälen und in Streifen schneiden. In einer heißen Pfanne in 1 EL Öl anbraten und mit ½ TL Salz würzen. Herausnehmen.

Zucchini putzen, in Streifen schneiden und mit ½ TL Salz in der Pfanne anbraten. Herausnehmen.

Hackfleisch mit dem übrigen Knoblauch in der Pfanne anbraten. Mit ½ TL Salz, Pfeffer, 2 TL Sojasauce, 1 TL Zucker und 1 TL Sesamöl würzen. Herausnehmen.

Die Eier in der Pfanne mit etwas Öl zu Spiegeleiern braten. Die Zutaten für die Sauce verrühren.

Den Reis in Schalen geben, je ein Spiegelei in die Mitte setzen und drum herum Gemüse, Fleisch und Kimchi verteilen. Etwas Sesam auf das Ei streuen. Alternativ mit etwas Sesamöl in einem Steintopf heiß servieren. Die scharfe Sauce nach Belieben darübergeben und alles gut vermischen.

Xians Videoanleitung für das Rezept auf YouTube unter bit.ly/3CfKZ9s

VORBEREITUNGSZEIT 30 MINUTEN

KOCHZEIT 40 MINUTEN

BULGOGI

2-3 PORTIONEN

Bulgogi bedeutet übersetzt „Feuerfleisch" und ist ein klassisches Fleischgericht der koreanischen Küche. Wie der Name schon sagt, wird Bulgogi traditionell über offenem Feuer gegrillt. Man kann das Gericht aber auch in der Pfanne zubereiten.

ZUTATEN

500 g Ribeye-Steak
(alternativ Entrecote oder Hochrippe)
1 Zwiebel
5 Knoblauchzehen
2 Lauchzwiebeln
Rapsöl zum Braten
gerösteter Sesam zum Garnieren

FÜR DIE MARINADE

3 EL helle Sojasauce
1 EL Mirin (süßer Reiswein)
1 EL geröstetes Sesamöl
gemahlener schwarzer Pfeffer
3 TL brauner Zucker
(alternativ Haushaltszucker)
2 TL gerösteter Sesam

TIPP

Wenn ihr das Fleisch vorher kurz einfriert, lässt es sich besser in dünne Scheiben schneiden. Für mehr Variationen könnt ihr auch gern etwas Gemüse wie z. B. Champignons oder Möhrenstreifen dazugeben.

ZUBEREITUNG

Das Fleisch in hauchdünne Scheiben schneiden. Die Zwiebel schälen und längs in Streifen schneiden. Den Knoblauch schälen und fein reiben oder klein hacken. Die Lauchzwiebeln putzen, waschen und schräg in feine Ringe schneiden, etwas vom grünen Teil zum Garnieren beiseitelegen.

Alle Zutaten für die Marinade vermischen. Dann das Fleisch, Zwiebel, Knoblauch und Lauchzwiebeln mit der Marinade vermengen und mind. 30 Minuten marinieren.

Eine Pfanne oder einen Wok auf höchster Stufe erhitzen, etwas Öl zugeben und alles darin scharf anbraten. Auf einen Teller geben, die restlichen Lauchzwiebeln und etwas Sesam darüberstreuen.

Mit Reis und Kimchi (Rezept S. 106) als Beilage servieren. Ihr könnt Bulgogi auch in ein Salatblatt wickeln und so essen.

Xians Videoanleitung für das Rezept auf YouTube unter
bit.ly/3WuteKr

VORBEREITUNGSZEIT 40 MINUTEN

KOCHZEIT 3-5 MINUTEN

JAPCHAE

3 PORTIONEN

Japchae (Jabchae oder auch Chapchae) ist ein klassisches Nudelgericht aus Korea, das mit Dangmyeon (koreanische Glasnudeln aus Süßkartoffelstärke) gemacht wird. Japchae kann warm oder kalt gegessen werden, ist ganz einfach in großen Mengen herzustellen und daher auch ein sehr beliebtes Partygericht.

ZUTATEN

1 Zwiebel
1 gelbe Paprika
1 Möhre
5 frische Shiitake-Pilze
(alternativ braune Champignons)
120 g frischer Spinat
Salz
Rapsöl
160 g Dangmyeon
(koreanische Süßkartoffelnudeln)

FÜR DIE SAUCE

6 EL helle Sojasauce
4 EL Honig (alternativ Agavendicksaft oder Ahornsirup)
2 EL geröstetes Sesamöl
gemahlener schwarzer Pfeffer
10 g gerösteter Sesam

TIPP

Wer es scharf mag, kann gerne noch Chiliflocken oder Chilipulver nach Belieben dazugeben. Für eine Variante mit Fleisch könnt ihr einfach eine Portion Bulgogi (S. 112) mit untermengen.

ZUBEREITUNG

Die Zwiebel schälen. Die Paprika waschen und entkernen. Die Möhre schälen. Alles in dünne Streifen schneiden. Die Pilze putzen und in Scheiben schneiden.

In einem Topf Wasser mit etwas Salz zum Kochen bringen. Den Spinat gründlich waschen und in kochendem Wasser kurz blanchieren. Dann in kaltem Wasser abschrecken und das überschüssige Wasser ausdrücken.

In einer Pfanne etwas Rapsöl erhitzen. Zwiebel, Paprika, Möhre und Pilze in dieser Reihenfolge darin einzeln nacheinander anbraten, bis der jeweils gewünschte Garpunkt erreicht ist. Alles zusammen mit dem Spinat in eine große Schüssel geben.

Die Nudeln in kochendem Wasser ca. 10 Minuten al dente kochen. Für die Sauce alle Zutaten miteinander verrühren.

Nudeln in ein Sieb abgießen und mehrmals mit einer Schere durchschneiden. Die Hälfte der Sauce zu den Nudeln geben und gut vermengen. Dann die gewürzten Nudeln zum Gemüse in die Schüssel geben, die restliche Sauce daraufgeben und noch mal gut vermischen. Auf Tellern anrichten und servieren.

ZUBEREITUNGSZEIT
35
MINUTEN

KOREAN BBQ

Vorbereitungszeit 5 Stunden

4–5 Portionen

Anders als das herkömmliche Grillen verschafft das koreanische BBQ ein ganz besonderes Grillerlebnis. Was es ausmacht, ist das Beisammensein mit Familie und Freunden und vor allem auch viel Spaß beim Essen. So wird das saftige Fleisch direkt am Tisch zubereitet bzw. gegrillt, gepaart mit einer großen Auswahl an unterschiedlichen Gemüsebeilagen in allen Geschmacksrichtungen.

ZUTATEN

FÜR DAS FLEISCH

4 Knoblauchzehen
1 Scheibe frischer Ingwer (ca. 0,5 cm dick)
2 Lauchzwiebeln
½ Nashi-Birne (alternativ 50 ml Ananassaft)
100 ml helle Sojasauce
50 ml Mirin (süßer Reiswein)
80 g brauner Zucker
geröstetes Sesamöl
gemahlener schwarzer Pfeffer
2 Scheiben Querrippe vom Rind (ca. 700 g)
400 g Ribeye-Steak
Salz

BEILAGEN

ein paar Salatblätter
80 g Kimchi (Rezept S. 106)

FÜR DEN LAUCHZWIEBELSALAT

4 Lauchzwiebeln
2 EL helle Sojasauce
2 TL Gochugaru (koreanische Chiliflocken)
1 EL heller Reisessig
1 TL Zucker
1 EL geröstetes Sesamöl
2 TL gerösteter Sesam

FÜR DEN RETTICHSALAT

½ weißer Rettich
1 Lauchzwiebel
2 Knoblauchzehen
Salz
2 TL helle Sojasauce
1 EL heller Reisessig
1 TL Zucker
2 TL geröstetes Sesamöl
Rapsöl

FÜR DEN BRATPAPRIKASALAT

250 g Paprika
1 EL Doenjang (koreanische Bohnenpaste)
1 TL Gochugaru (koreanische Chiliflocken)
2 TL Gochujang (koreanische Chilipaste)
2 EL Reissirup (alternativ Honig)
1 EL geröstetes Sesamöl

FÜR DEN SOJASPROSSENSALAT

250 g Sojasprossen (alternativ Mungobohnensprossen)
Salz
gemahlener schwarzer Pfeffer
1 Prise Zucker
2 TL geröstetes Sesamöl
1 Knoblauchzehe
½ Lauchzwiebel
gerösteter Sesam

ZUTATEN

DIPS

FÜR DEN SESAM-DIP
Salz
3 EL geröstetes Sesamöl
gemahlener schwarzer Pfeffer

FÜR CHO GANJANG
3 EL helle Sojasauce
3 EL Reisessig
1 klein geschnittene Chilischote
¼ grob gewürfelte Zwiebel

FÜR SSAMJANG
3 EL Doenjang
(koreanische Bohnenpaste)
2 EL Gochujang
(koreanische Chilipaste)
2 TL Honig
2 TL geröstetes Sesamöl
1 TL gerösteter Sesam
1 fein geriebene Knoblauchzehe
½ klein geschnittene Lauchzwiebel

TIPP

Andere Fleischsorten oder Meeresfrüchte grillen. Japchae (Rezept S. 114) könnt ihr auch sehr gut dazu servieren.

Als Getränk Soju (typische Spirituose aus Korea) dazu servieren und wenn ihr die Zutaten nicht als Fingerfood im Salatblatt einwickeln wollt, könnt ihr auch einfach Reis dazu essen.

ZUBEREITUNG

Den Knoblauch und den Ingwer schälen und fein reiben oder klein hacken. Lauchzwiebeln putzen, waschen und in kleine Ringe schneiden. Nashi-Birne schälen, Kerngehäuse entfernen. Birne würfeln, pürieren und mit Sojasauce, Mirin, Zucker, 1 EL Sesamöl und etwas Pfeffer zu einer Marinade mischen. Die Rinderscheiben mit der Marinade zusammen in einen verschließbaren Gefrierbeutel geben, Luft herausdrücken, Beutel verschließen und mind. 5 Stunden im Kühlschrank marinieren lassen.

Das Steak in ca. 3 cm große Würfel scheiden. 1 Prise Salz, Pfeffer und 1 EL Sesamöl dazugeben. Gut vermengen, abdecken und in den Kühlschrank stellen. Nun die Beilagen zubereiten.

Für den Lauchzwiebelsalat: Lauchzwiebeln putzen, waschen und in Julienne schneiden. Kurz in kaltes Wasser legen, abtropfen lassen und mit den restlichen Zutaten gut vermischen.

Für den Rettichsalat: Rettich schälen und in Julienne schneiden. Lauchzwiebel putzen, waschen und in kleine Ringe schneiden. Knoblauch schälen und reiben. Den Rettich mit ½ TL Salz, Sojasauce, Essig, Zucker und Sesamöl würzen. Lauchzwiebel und Knoblauch in etwas Öl anbraten und über den Salat gießen, umrühren.

Für den Bratpaprikasalat: Paprikas waschen, putzen und in mundgerechte Stücke schneiden. Mit Doenjang, Gochugaru, Gochujang, Reissirup und Sesamöl vermischen und in kleine Schälchen füllen.

Für den Sojasprossensalat: Sprossen 3–4 Minuten in kochendem Wasser blanchieren. Dann mit kaltem Wasser abschrecken und abtropfen lassen. Mit ½ TL Salz, etwas Pfeffer, Zucker und Sesamöl würzen. Knoblauch schälen und fein hacken. Lauchzwiebel putzen, waschen, klein schneiden und beides dazugeben. Alles gut vermischen und etwas Sesam darüberstreuen.

Für die 3 Dips alle Zutaten separat miteinander vermischen und in kleine Schälchen füllen. Das Fleisch aus der Marinade herausnehmen, abtropfen lassen.

Tischgrill heizen und alles auf dem Tisch verteilen. Fleisch direkt am Tisch grillen. Zum Servieren die fertig gegrillten Querrippen-Scheiben in mundgerechten Stücken von den Knochen schneiden.

Ein Stück Fleisch in den gewünschten Dip tauchen und auf ein Salatblatt legen, etwas Beilagensalat eurer Wahl draufgeben, alles einwickeln und in einem Happen essen.

CHEESE *Buldak*

2–3 PORTIONEN

Cheese Buldak ist ein richtig scharfes Gericht aus Korea. Buldak bedeutet übersetzt „Feuerhuhn“ und tatsächlich hat dieses Gericht auch Feuer in sich, das Hähnchen mit der scharfen roten Sauce und dem zerlaufenen Käse ist unwiderstehlich lecker!

ZUTATEN

400 g Hähnchenbrustfilet
1 Lauchzwiebel
Rapsöl zum Braten
200 g geriebener Mozzarella

FÜR DIE SAUCE

5 Knoblauchzehen
1 daumengroßes Stück frischer Ingwer (nach Belieben)
2 EL Gochujang (koreanische Chilipaste)
3 EL Gochugaru (koreanische Chiliflocken)
1 TL Chilipulver (nach Belieben)
gemahlener schwarzer Pfeffer
2 EL helle Sojasauce
2 EL Reissirup (alternativ Honig)
1 EL geröstetes Sesamöl

TIPP

Die Schärfe könnt ihr variieren und an euren Geschmack anpassen.

Probiert gerne auch andere Fleischsorten aus – schmeckt auch super!

ZUBEREITUNG

Hähnchenfleisch in 2–3 cm große Stücke schneiden. Die Lauchzwiebel putzen, waschen und das Grün in kleine Ringe schneiden.

Für die Sauce Knoblauch und Ingwer schälen und fein reiben oder klein hacken. Mit den restlichen Zutaten vermischen und das Hähnchen dazugeben. Alles gut miteinander vermengen.

Etwas Öl in einer Pfanne erhitzen und das Hähnchenfleisch darin ca. 3–4 Minuten braten. Immer wieder umrühren. Dann die Hitze reduzieren und den Käse darübergeben. Jetzt nicht mehr umrühren, Deckel auf die Pfanne setzen und bei niedriger Hitze kurz weiterbraten, bis der Käse geschmolzen ist. Wenn ihr eine ofenfeste Pfanne habt, könnt ihr diese auch kurz in den heißen Ofen stellen, um so den Käse zum Schmelzen zu bringen.

Grüne Lauchzwiebelringe darüberstreuen und das Cheese Buldak in der Pfanne heiß servieren.

ZUBEREITUNGSZEIT
15
MINUTEN

OJINGEO-BOKKEUM

2–3 PORTIONEN

Ojingeo-Bokkeum ist scharfer gebratener Tintenfisch und sehr beliebt in Korea. Die Koreaner essen gerne Tintenfisch und auch ich liebe dieses Gericht. Es ist wirklich superlecker und auch einfach zu kochen.

ZUTATEN

3 Tintenfischtuben
(ca. 300 g, frisch oder tiefgekühlt, küchenfertig)
1 Zwiebel
3 Lauchzwiebeln
1 Möhre
½ Zucchini
1 rote oder grüne Chilischote
Rapsöl
gerösteter Sesam

FÜR DIE SAUCE

5 Knoblauchzehen
1 kleines Stück frischer Ingwer
(ca. 2 cm dick)
3 EL helle Sojasauce
1 EL Austernsauce
2 EL Gochugaru
(koreanische Chiliflocken)
2 EL Gochujang
(koreanische Chilipaste)
2 EL brauner Zucker
2 TL Speisestärke

ZUBEREITUNG

Tintenfisch ggf. auftauen, am besten über Nacht im Kühlschrank.

Das Gemüse und die Lauchzwiebeln waschen. Die Zwiebel schälen und in Streifen schneiden. Von den Lauchzwiebeln putzen und vierteln. Die Möhre schälen und schräg in lange Scheiben schneiden. Die Zucchini putzen und längs halbieren, dann schräg in Scheiben schneiden. Den Chili putzen und in kleine Ringe schneiden.

Die Tintenfischtuben zunächst aufschneiden, dann mit dem Messer auf der Innenseite ein kleines, rautenförmiges Muster tief einschneiden, aber nicht durchschneiden. Dafür die Tuben flach auf das Schneidebrett legen, das Messer leicht schräg halten, zuerst diagonal in einem Winkel von 45 Grad und im Abstand von ca. 5 mm parallel zueinander einschneiden. Das ganze Stück um 90 Grad drehen und noch mal einschneiden. Dann in etwa 4 x 5 cm große Stücke schneiden.

Für die Sauce Knoblauch und Ingwer schälen, fein reiben oder klein hacken. Mit Sojasauce, Austernsauce, Gochugaru, Gochujang und Zucker vermischen. Die Speisestärke mit 3 EL kaltem Wasser klumpenfrei verrühren und in die Sauce einrühren.

Etwas Öl in einer Pfanne erhitzen. Zuerst das ganze Gemüse darin ca. 2 Minuten anbraten. In der Pfanne zur Seite schieben und den Tintenfisch hineingeben. Sauce darübergießen, umrühren und weiterbraten, bis der Tintenfisch gar ist und sich zusammengezogen hat.

Auf einem Teller anrichten, etwas Sesam darüberstreuen und mit Reis servieren.

ZUBEREITUNGSZEIT 25 MINUTEN

OMELETT
Bbang

Omelett Bbang ist in Korea ein beliebtes Dessert. Eine Art Sandwich, gefüllt mit Sahne und verschiedenen Früchten. Die süße Leckerei ist sehr einfach zuzubereiten und sieht zudem auch noch superschick aus.

ZUTATEN

3 Eier (Größe L)
1 TL Vanilleextrakt
75 g Zucker
75 g Weizenmehl

FÜR DIE FÜLLUNG

300 g Schlagsahne
40 g Zucker
Früchte eurer Wahl
(z. B. Erdbeeren, Kiwis, Heidelbeeren)
Puderzucker (nach Belieben)

TIPP

Probiert Omelett Bbang mit euren Lieblingsfrüchten aus!

ZUBEREITUNG

Die Eier trennen. Das Eigelb mit dem Vanilleextrakt verquirlen. Das Eiweiß unter Zugabe von Zucker steif schlagen und dazugeben. Vorsichtig unterheben. Das Mehl dazusieben und zu einem Teig verrühren. Teig in einen Spritzbeutel mit großer Lochtülle füllen.

Den Backofen auf 170 °C (Ober-/Unterhitze) vorheizen und ein Backblech mit Backpapier auslegen.

Auf das Backblech kreisförmig/in Schneckenform 10 flache Kleckse mit jeweils Ø 12 cm spritzen. 10 Minuten im heißen Ofen backen.

In der Zwischenzeit für die Füllung die Schlagsahne mit dem Zucker steif schlagen. Die Früchte waschen und klein schneiden.

Die Teigfladen aus dem Ofen holen und vom Backblech lösen. Noch warm einmal in der Mitte falten, ähnlich wie bei einem Taco. Mit Sahne kreisförmig/in Schneckenform füllen und die Früchte darauf verteilen. Etwas Puderzucker darüberstreuen.

ZUBEREITUNGSZEIT 40 MINUTEN

THAILAND

Die thailändische Küche besticht durch frische Zutaten und viele Gewürze, die das Essen so aromatisch machen. Vor allem Thai-Curry erfreut sich großer Beliebtheit. Die perfekte Balance aus süß, sauer, salzig und scharf findet man fast in jedem Thai-Gericht und macht das Ganze zu einem besonderen Geschmackserlebnis.

PAPAYA-SALAT

2 PORTIONEN

Som Tam ist ein knackiger Rohkostsalat mit vielen gesunden Zutaten und Nährstoffen. Der ursprünglich aus Laos stammende Papaya-Salat wird heutzutage überall in Thailand gegessen und ist der beliebteste Salat überhaupt. In Thailand wird er in einem großen hohen Tonmörser mit Holzstößel zubereitet, daher auch der Name Som (sauer) Tam (stoßen/stampfen). Hier zeige ich euch meine Variante für zu Hause mit einem haushaltsüblichen Mörser. Ausprobieren lohnt sich, es erwartet euch ein echtes Geschmackserlebnis!

ZUTATEN

200 g grüne, unreife Papaya
½ Möhre
1 Schlangenbohne
5 Kirschtomaten
2 Knoblauchzehen
2–4 rote Thai-Chilischoten
(je nach Schärfegrad)
15 g getrocknete Shrimps
(alternativ 1 TL Garnelenpaste)
25 g geröstete, ungesalzene Erdnusskerne

FÜR DAS DRESSING

2 EL Fischsauce
1 EL Palmzucker
(alternativ brauner Zucker)
Saft von 1 Limette

TIPP

Wenn ihr keine grüne Papaya bekommt, könnt ihr den Salat auch mit Kohlrabi zubereiten. Und für eine vegetarische Variante die getrockneten Shrimps einfach weglassen und anstatt Fischsauce Sojasauce verwenden.

Solltet ihr keinen Mörser haben, dann könnt ihr das Dressing zusammen mit Knoblauch, Chilis und getrockneten Garnelen in einem Mixer fertigstellen.

ZUBEREITUNG

Papaya schälen, Kerne entfernen und die Papayafrucht mit einem Julienneschneider in dünne Streifen schneiden. Möhre ebenfalls schälen und in Julienne schneiden. Schlangenbohne waschen, die Enden abschneiden und die Bohne in ca. 4 cm langen Stücke schneiden. Kirschtomaten waschen und vierteln. Knoblauch schälen und Chilis waschen, putzen und klein schneiden.

Knoblauch, Chilis und getrocknete Shrimps in den Mörser geben und mit dem Stößel zerdrücken. Anschließend Schlangenbohnen, Tomaten und die Hälfte der Erdnüsse dazugeben, weiterstampfen, aber nur leicht andrücken.

In einer großen Schüssel alle Zutaten für das Dressing vermischen, dann die gestampften Zutaten hinzufügen. Zum Schluss Papayastreifen, Möhrenstreifen und die restlichen Erdnüsse dazugeben. Alles gut vermischen, kurz ziehen lassen und servieren.

In Thailand wird der Salat mit Klebreis oder Reisnudeln zusammen gegessen, ihr könnt ihn aber auch als Vorspeise servieren.

INFO

Die Schlangenbohnen findet ihr in einem gut sortierten Asia-Supermarkt. Solltet ihr sie nicht bekommen, könnt ihr auch einfach grüne Bohnen verwenden. Diese aber unbedingt vorher für ca. 2 Minuten in kochendem Wasser blanchieren, denn rohe europäische Bohnen sind giftig! Anschließend in kaltem Wasser abschrecken und wie im Rezept beschrieben weiterverarbeiten.

ZUBEREITUNGSZEIT 30 MINUTEN

CURRY-PASTEN *selbst machen*

Die aromatischen Currypasten sind ein fester Bestandteil der thailändischen Küche und bilden die Basis für viele leckere Currys. Dabei unterscheiden sie sich nicht nur im Geschmack, sondern vor allem im Schärfegrad. Von den drei bekanntesten Currypasten ist die grüne Currypaste die schärfste, die rote ist immer noch recht scharf, aber nicht so scharf wie die grüne, und die gelbe ist die mildeste. Selbstverständlich könnt ihr auch zu fertigen Currypasten aus dem Handel greifen, aber sie selbst zu machen, ist gar nicht so schwer. Selbst gemacht schmecken sie viel intensiver und außerdem könnt ihr die Zutaten nach euren Wünschen anpassen.

TIPP

Anstelle eines Mörsers könnt ihr auch einen Küchenmixer oder Multizerkleinerer verwenden.

INFO

Selbst gemachte Currypasten halten sich im Kühlschrank bis zu 10 Tage. Portionsweise eingefroren sind sie auch mehrere Monate haltbar.

GRÜNE *Currypaste*

ZUBEREITUNGSZEIT 30 MINUTEN

1 GLAS

ZUTATEN

12 kleine, frische grüne Thai-Chilischoten
2 Schalotten
3 Knoblauchzehen
1 Stück Galanga (ca. 2 cm, alternativ frischer Ingwer)
2 Zitronengrashalme
1 Kaffir-Limette (alternativ Limette)
2 Korianderwurzeln
1 EL Koriandersamen
1 TL weiße Pfefferkörner
1 TL Kreuzkümmelsamen
Salz
1 TL Garnelenpaste (nach Belieben)

ZUBEREITUNG

Die Chilis waschen, putzen und grob zerkleinern. Schalotten, Knoblauch und Galanga schälen und klein schneiden. Den etwas braunen und trockenen Teil vom Zitronengras oben abschneiden und den Rest bis zur Wurzel in kleine Kringel schneiden. Kaffir-Limette heiß waschen, Schale abreiben. Korianderwurzeln waschen und klein schneiden. Koriandersamen, Pfefferkörner und Kreuzkümmelsamen ohne Öl in einer Pfanne anrösten.

Die Chilis zuerst in einen Mörser geben und mit 1 TL Salz zu einer Paste stampfen. Die frischen Zutaten nach und nach dazugeben und weiterstampfen. Zu guter Letzt die gerösteten Koriandersamen, Pfefferkörner und Kreuzkümmelsamen hinzufügen. Nach Belieben die Garnelenpaste hinzufügen. Weiterstampfen, bis eine grüne Paste entsteht.

ROTE *Currypaste*

ZUBEREITUNGSZEIT 50 MINUTEN

1 GLAS

ZUTATEN

70 g getrocknete rote Thai-Chilischoten
2 Schalotten
3 Knoblauchzehen
1 Stück Galanga (ca. 2 cm, alternativ frischer Ingwer)
1 Zitronengrashalme
1 Kaffir-Limette (alternativ Limette)
2 Korianderwurzeln
1 EL Koriandersamen
1 TL Kreuzkümmelsamen
Salz

ZUBEREITUNG

Die Chilis putzen, in kleine Stücke schneiden und für mind. 30 Minuten in warmem Wasser einweichen.

Schalotten, Knoblauch und Galanga schälen und grob zerkleinern. Den etwas braunen und trockenen Teil vom Zitronengras oben abschneiden und den Rest bis zur Wurzel in kleine Kringel schneiden. Kaffir-Limette heiß waschen und etwas Schale von der Schale abreiben. Korianderwurzeln waschen und klein schneiden. Koriandersamen und Kreuzkümmelsamen ohne Öl in einer Pfanne anrösten.

Die Chilistücke in einen Mörser geben und mit 1 TL Salz zu einer Paste stampfen. Die frischen Zutaten nach und nach dazugeben und weiterstampfen. Zu guter Letzt die gerösteten Koriandersamen und Kreuzkümmelsamen hinzufügen. Weiterstampfen, bis eine rote Paste entsteht.

GELBE *Currypaste*

ZUBEREITUNGSZEIT 50 MINUTEN

1 GLAS

ZUTATEN

3 lange, getrocknete rote Chilischoten
3 Schalotten
4 Knoblauchzehen
1 Stück Galanga
(ca. 4 cm, alternativ frischer Ingwer)
2 Zitronengrashalme
1 TL Koriandersamen
1 TL gelbe Senfsamen
1 TL Kreuzkümmelsamen
Salz
1 EL Kurkumapulver
½ TL Zimtpulver

ZUBEREITUNG

Die Chilis putzen, in kleine Stücke schneiden und mind. 30 Minuten in warmem Wasser einweichen.

Schalotten, Knoblauch und Galanga schälen und grob zerkleinern. Den etwas braunen und trockenen Teil vom Zitronengras oben abschneiden und den Rest bis zur Wurzel in kleine Kringel zerschneiden. Koriandersamen, Senfsamen und Kreuzkümmelsamen ohne Öl in einer Pfanne anrösten.

Die Chilistücke in einen Mörser geben und mit 1 TL Salz zu einer Paste stampfen. Die frischen Zutaten nach und nach dazugeben und weiterstampfen. Die gerösteten Koriandersamen, Senfsamen und Kreuzkümmelsamen sowie Kurkuma und Zimt hinzufügen. Weiterstampfen, bis eine gelbe Paste entsteht.

GRÜNES THAI-CURRY *mit Hähnchen*

2–3 PORTIONEN

Das grüne Curry ist das schärfste aller Thai-Currys. Ihr könnt gerne die Schärfe für euch anpassen und ggf. etwas weniger von der grünen Currypaste verwenden.

ZUTATEN

200 g Jasminreis
250 g Hähnchenbrustfilet
5 weiß-grüne Thai-Auberginen
30 g Zuckerschoten
30 g Babymais (Glas)
1 rote Thai-Chilischote
400 g Kokosmilch
2 EL grüne Currypaste (S. 132)
2 EL Fischsauce
1 EL Palmzucker
(alternativ brauner Zucker)
3 Kaffir-Limettenblätter
½ Limette
1 Handvoll Thai-Basilikum

TIPP

Natürlich könnt ihr auch andere Gemüsesorten eurer Wahl verwenden.

ZUBEREITUNG

Den Reis kochen (siehe Tipp S. 11).

Das Hähnchenfleisch in dünne Streifen schneiden. Die Thai-Auberginen waschen, in mundgerechte Stücke schneiden und in eine Schüssel mit Wasser legen, damit sie nicht braun werden. Die Zuckerschoten waschen, die Enden abschneiden und die Fäden entfernen. Babymais in einem Sieb abtropfen lassen. Chili waschen, putzen und schräg in Ringe schneiden.

Die Sahne, die oben auf der Kokosmilch schwimmt, oder ein Drittel der Kokosmilch in einen Wok oder einen Topf geben. Umrühren und erhitzen, bis sich das Fett abgetrennt hat. Dann die Currypaste einrühren und ein paar Minuten im Fett braten. Anschließend das Hähnchen dazugeben und kurz darin anbraten. Mit dem Rest der Kokosmilch ablöschen. Das Ganze mit Fischsauce und Zucker würzen. Dann die Thai-Auberginen und die Kaffir-Limettenblätter (an den Rändern eingerissen) hineingeben und kochen, bis die Auberginen gar sind. Am Ende der Garzeit das restliche Gemüse dazugeben.

Nun den Herd ausschalten, Limettensaft ins Curry pressen, Thai-Basilikum sowie einen Teil des Chilis reingeben. Noch einmal umrühren und in einem tiefen Teller oder einer großen Schüssel portionsweise anrichten. Mit ein paar frischen Thai-Basilikum-Blättern und dem Rest des Chilis garnieren und mit Reis servieren.

ZUBEREITUNGSZEIT 30 MINUTEN

ROTES THAI-CURRY *mit Garnelen*

2–3 PORTIONEN

Das rote Curry ist mit Abstand das beliebteste Thai-Curry. Scharf, aber milder als das grüne Curry und mindestens genauso lecker. Grundsätzlich könnt ihr bei den Zutaten variieren und eure eigenen Curry-Kreationen erschaffen.

ZUTATEN

200 g Jasminreis
½ Zwiebel
1 Lauchzwiebel
1 Möhre
1 rote Paprika
60 g Bambusscheiben (Glas)
1 rote Thai-Chilischote
400 g Kokosmilch
2 EL rote Currypaste (S. 133)
1 TL Tomatenmark
400 g Garnelen (küchenfertig)
gemahlener schwarzer Pfeffer
2 EL Fischsauce
1 EL Palmzucker
(alternativ brauner Zucker)
½ Limette
1 Handvoll Thai-Basilikum

ZUBEREITUNG

Den Reis kochen (siehe Tipp S. 11).

Die Zwiebel schälen und in große Stücke schneiden. Lauchzwiebel putzen, waschen und klein schneiden. Möhre schälen und schräg in Scheiben schneiden. Paprika halbieren, entkernen, waschen und in Streifen schneiden. Die Bambusscheiben in einem Sieb abtropfen lassen. Chili waschen und halbieren.

Die Sahne, die oben auf der Kokosmilch schwimmt, oder ein Drittel der Kokosmilch in einen Wok oder einen Topf geben. Umrühren und erhitzen, bis sich das Fett abgetrennt hat. Dann die Currypaste und Tomatenmark einrühren und ein paar Minuten im Fett braten. Anschließend die Garnelen dazugeben und kurz darin anbraten. Mit dem Rest der Kokosmilch ablöschen. Zwiebel und Lauchzwiebel hinzufügen und das Gemüse ebenfalls hineingeben. Mit etwas Pfeffer, Fischsauce und Zucker würzen. Umrühren und weitere 2–3 Minuten kochen.

Nun den Herd ausschalten, Limettensaft ins Curry pressen, Thai-Basilikum sowie einen Teil des Chilis reingeben. Noch einmal umrühren und in einem tiefen Teller oder einer großen Schüssel portionsweise anrichten. Mit ein paar frischen Thai-Basilikum-Blättern garnieren und mit Reis servieren.

ZUBEREITUNGSZEIT 30 MINUTEN

GELBES
Fisch-Curry

2–3 PORTIONEN

Das gelbe Curry hat eine milde Schärfe und ist daher sehr bekömmlich. Hier zeige ich euch eine gelbe Curry-Variante mit Fisch. Es schmeckt sehr lecker und ist wie alle anderen Currys auch recht einfach in der Zubereitung.

ZUTATEN

200 g Jasminreis
500 g weißes Fischfilet
(z. B. Seelachs oder Kabeljau)
1 Möhre
150 g Brokkoli
½ reife Mango
400 g Kokosmilch
2 EL gelbe Currypaste (S. 133)
2 EL Fischsauce
1 EL Palmzucker
(alternativ brauner Zucker)
3 Kaffir-Limettenblätter
½ Limette
1 Handvoll Koriandergrün
1 rote Thai-Chilischote (nach Belieben)

ZUBEREITUNG

Den Reis kochen (siehe Tipp S. 11).

Fisch in 3 cm große Würfel schneiden. Möhre schälen und schräg in Scheiben schneiden. Brokkoli putzen, waschen und in kleine Röschen schneiden. Mango schälen, Fruchtfleisch würfeln.

Die Sahne, die oben auf der Kokosmilch schwimmt, oder ein Drittel von der Kokosmilch in einen Wok oder einen Topf geben. Umrühren und erhitzen, bis sich das Fett abgetrennt hat. Dann die Currypaste einrühren und für ein paar Minuten im Fett braten. Mit dem Rest der Kokosmilch ablöschen. Mit Fischsauce und Zucker würzen. Anschließend das Gemüse und die Kaffir-Limettenblätter (an den Rändern eingerissen) hineingeben und etwas kochen lassen. Zum Schluss die Fisch- und Mangostücke dazugeben und das Ganze noch mal bei niedriger Hitze für ungefähr 5 Minuten köcheln lassen.

Den Herd ausschalten, Limettensaft ins Curry pressen und Koriander darüberstreuen. Nach Belieben 1 kleine Chilischote waschen, putzen und klein schneiden, zugeben. Mit Reis servieren.

ZUBEREITUNGSZEIT 30 MINUTEN

MASSAMAN-CURRY

2-3 PORTIONEN

Erdnuss-Curry mit Kichererbsen

Massaman-Curry gehört definitiv zu meinen Lieblingsgerichten. Das mild-würzige Erdnuss-Curry schmeckt unglaublich lecker und ist für diejenigen etwas, die es nicht allzu scharf mögen, denn es enthält im Gegensatz zu grünen oder roten Currys nur wenig Chili. Hier zeige ich euch eine vegane Variante.

ZUTATEN

200 g Jasminreis
2 mittelgroße Kartoffeln (festkochend)
je ½ Süßkartoffel und Zucchini
150 g Kichererbsen (Dose)
400 g Kokosmilch
2 EL Erdnussbutter
2 EL helle Sojasauce
1 EL Tamarindensauce
1 EL Palmzucker
(alternativ Haushaltszucker)
50 g geröstete, ungesalzene Erdnusskerne

FÜR DIE MASSAMAN-CURRYPASTE

2 lange, getrocknete rote Chilischoten
3 Schalotten, 4 Knoblauchzehen
1 Stück Galanga
(ca. 3 cm, alternativ Ingwer)
2 Zitronengrashalme
1 Kaffir-Limette
(alternativ Limette)
1 Korianderwurzel
1 EL Koriandersamen
je 1 TL weiße Pfefferkörner und
Kreuzkümmelsamen
Salz
je 1 TL Kardamom- und Zimtpulver
je ½ TL Nelkenpulver und geriebene
Muskatnuss

TIPP

Anstatt Kichererbsen könnt ihr auch Tofu verwenden. Ich empfehle, den Tofu separat goldbraun und knusprig anzubraten und zum Schluss in das Curry zu geben.

ZUBEREITUNG

Den Reis kochen (siehe Tipp S. 11).

Für die Currypaste Chilis putzen, in kleine Stücke schneiden und mind. 30 Minuten in warmem Wasser einweichen. Schalotten, Knoblauch und Galanga schälen, grob zerkleinern. Den etwas braunen und trockenen Teil vom Zitronengras oben abschneiden, den Rest bis zur Wurzel in kleine Kringel schneiden. Kaffir-Limette heiß waschen, abtrocknen und etwas Schale abreiben. Korianderwurzel waschen und klein schneiden.
Koriander, Pfeffer und Kreuzkümmel ohne Öl in einer Pfanne anrösten. Chilis in einen Mörser geben und mit 1 TL Salz zu einer Paste stampfen. Die frischen Zutaten nach und nach dazugeben und weiterstampfen. Koriander, Pfeffer und Kreuzkümmel sowie Kardamon, Zimt, Nelken und Muskatnuss hinzufügen. So lange stampfen, bis eine Paste entsteht.

Kartoffeln schälen und in 2 cm große Würfel schneiden. Zucchini waschen, längs halbieren und in 1 cm dicke Scheiben schneiden. Kichererbsen mit Wasser abspülen und abtropfen lassen.

Die Sahne, die oben auf der Kokosmilch schwimmt, oder ein Drittel der Kokosmilch in einen Wok oder einen Topf geben. Umrühren und erhitzen, bis sich das Fett abgetrennt hat. Dann die Currypaste einrühren und ein paar Minuten im Fett braten. Kartoffeln dazugeben und kurz im Fett anbraten. Mit dem Rest der Kokosmilch ablöschen. Kichererbsen und Erdnussbutter hineingeben. Umrühren und 15 Minuten kochen. Ggf. etwas Wasser nachfüllen. Dann die Zucchini zufügen und das Ganze mit Sojasauce, Tamarindensauce und Zucker würzen. Weitere 5 Minuten kochen. Zum Schluss die Erdnüsse grob hacken und daraufgeben. Mit Reis servieren.

INFO

Wenn ihr getrocknete Kichererbsen verwendet, ca. die Hälfte vom angegebenen Gewicht nehmen. Diese zuerst mind. 12 Stunden in Wasser einweichen und anschließend 1 Stunde kochen.

ZUBEREITUNGSZEIT 1,5 STUNDEN

TOM KHA GAI

3 PORTIONEN

Tom Kha Gai ist eine der beliebtesten Suppen der thailändischen Küche. Die Hauptzutaten bilden Kokosmilch, Hühnerfleisch und gaaanz viel Galanga, auch Thai-Ingwer genannt. Galanga verleiht der Suppe ihr ganz besonderes Aroma.

ZUTATEN

400 g Hähnchenbrustfilet
1 Zitronengrashalm
1 rote Thai-Chilischote
(plus etwas zum Garnieren)
100 g Galanga
(alternativ Ingwer)
200 g Kräuterseitlinge
(alternativ Champignons, Shiitake- oder Austernpilze)
4 Kaffir-Limettenblätter
2 Limetten
1 Lauchzwiebel
500 ml Hühnerbrühe
400 g Kokosmilch
2 EL helle Sojasauce
(alternativ Fischsauce)
2 EL brauner Zucker
1 Handvoll Koriandergrün

TIPP

Für eine vegetarische Variante könnt ihr die Hühnerbrühe durch Gemüsebrühe ersetzen. Das Hähnchen einfach weglassen und dafür mehr Gemüse verwenden.

ZUBEREITUNG

Das Hähnchen in dünne Streifen schneiden. Zitronengras zunächst mit dem Messerrücken aufklopfen und dann dritteln. Chili auch leicht aufklopfen. Galanga in Scheiben schneiden. Kräuterseitlinge putzen und in mundgerechte Stücke schneiden. Die Stiele der Kaffir-Limettenblätter entfernen und die Blätter teilen oder an den Rändern einreißen. Die Limetten ein paarmal hin- und herrollen, halbieren und den Saft auspressen. Die Lauchzwiebel putzen, waschen und klein schneiden.

Die Hühnerbrühe und die Kokosmilch in einen Topf geben. Anschließend Galanga, Zitronengras, Kaffir-Limettenblätter und Chili hineingeben. 10 Minuten kochen. Dann alle Gewürze wieder herausnehmen und ggf. etwas Wasser (ca. 300 ml) nachfüllen. Kräuterseitlinge dazugeben und 5 Minuten kochen, dann das Hähnchenfleisch hinzugeben und ca. 2 Minuten weiterkochen lassen. Das Ganze mit Sojasauce, braunem Zucker und Limettensaft abschmecken. Mit etwas Koriander, Lauchzwiebel und einer zusätzlichen Chilischote garnieren. Als Vorspeise oder mit Reis als Hauptspeise servieren.

Xians Videoanleitung für das Rezept auf YouTube unter bit.ly/40mZbWf

VORBEREITUNGSZEIT 15 MINUTEN

KOCHZEIT 20 MINUTEN

TOM YAM GUNG

3-4 PORTIONEN

Tom Yam Gung ist eine scharf-saure Suppe mit Garnelen und eine thailändische Spezialität. Das Nationalgericht Thailands gibt es aber auch in weiteren Varianten, z. B. mit Huhn „Tom Yam Gai“ oder mit Fisch „Tom Yam Pla“.

ZUTATEN

12 Riesengarnelen
(King Prawns, roh,
mit Kopf und Schale)
Rapsöl zum Braten
2 Zitronengrashalme
2 rote Thai-Chilischoten
6 Scheiben Galanga
(0,5 cm dick)
200 g Strohpilze
(alternativ Austernpilze
oder andere Pilzsorten)
100 g Kirschtomaten
2 Korianderwurzeln
5 Kaffir-Limettenblätter
2 Limetten
1 EL Tom-Yum-Chilipaste
3 EL Fischsauce
1 EL Palmzucker
(alternativ brauner Zucker)
1 Handvoll Koriandergrün

TIPP

Wenn ihr die Garnelenbrühe nicht selbst herstellen wollt, könnt ihr stattdessen auch Hühnerbrühe oder einfach nur Wasser verwenden.

ZUBEREITUNG

Garnelen waschen, den Kopf entfernen und bis zum Schwanz schälen, ein Stück Schwanz dranlassen. Am Rücken aufschneiden und entdarmen. Etwas Öl in einem Topf erhitzen und die Köpfe und Schalen darin anbraten, bis sie Farbe annehmen und Röstaroma entsteht. Dann mit 1,3 l Wasser ablöschen und 40 Minuten bei niedriger Hitze köcheln lassen.

Zitronengras zunächst mit dem Messerrücken aufklopfen und dann dritteln, ggf. den trockenen Teil entfernen. Die Chilis waschen, die Stiele entfernen und auch aufklopfen. Galanga in Scheiben schneiden. Pilze putzen und in Stücke schneiden. Tomaten waschen und halbieren. Korianderwurzeln waschen. Die Stiele der Kaffir-Limettenblätter entfernen und die Blätter teilen oder an den Rändern einreißen. Die Limetten ein paarmal hin- und herrollen, halbieren und den Saft auspressen.

Die fertige Garnelenbrühe durch ein Sieb passieren. Zitronengras, Chilis, Galanga, Korianderwurzeln und Kaffir-Limettenblätter in die Brühe geben, 5 Minuten köcheln lassen. Danach Pilze und Tomaten hinzufügen und weiterkochen. Anschließend die Chilipaste einrühren. Dann die Garnelen dazugeben, kurz aufkochen und den Herd ausschalten. Mit Fischsauce, Zucker und Limettensaft würzen. Den Koriander daraufstreuen und servieren.

INFO

Zitronengras, Chili, Galanga, Korianderwurzeln und Kaffir-Limettenblätter werden nicht mitgegessen.

VORBEREITUNGSZEIT 50 MINUTEN

KOCHZEIT 12 MINUTEN

PAD THAI

3 PORTIONEN

Pad Thai bedeutet übersetzt etwa „thailändisch gebraten" und ist ein klassisches, wohl auch eines der bekanntesten, Nudelgerichte aus der Thai-Küche. Die perfekte Kombination aus süß, sauer, scharf und salzig macht Pad Thai zu einem beliebten Streetfood in Bangkok. Die gebratenen Reisnudeln mit Tofu, Eiern und Garnelen sind schnell zubereitet und schmecken einfach fantastisch aromatisch!

ZUTATEN

180 g Reisnudeln (5 mm breit)
2 Schalotten
5 Blätter Knoblauch-Schnittlauch
(Asia-Supermarkt)
200 g Tofu (fest)
50 g eingelegter Rettich
5 g getrocknete Shrimps
50 g geröstete, ungesalzene Erdnusskerne
120 g Sojasprossen
(alternativ Mungobohnensprossen)
½ Limette
Rapsöl
10 Garnelen (küchenfertig)
2 Eier (Größe L)

FÜR DIE PAD-THAI-SAUCE

2 EL Palmzucker
(alternativ brauner Zucker)
3 EL Fischsauce
1 TL Tamarindenpaste
1 TL dunkle Sojasauce (nach Belieben)
1 TL Chiliflocken (nach Belieben)

ZUBEREITUNG

Reisnudeln 15 Minuten in lauwarmem Wasser einweichen. Das Wasser abgießen und die Nudeln in einem Sieb abtropfen lassen.

Schalotten schälen und würfeln. Knoblauch-Schnittlauch in 5 cm lange Stücke schneiden. Tofu 1 cm groß würfeln und Rettich fein würfeln. Getrocknete Shrimps und Erdnüsse klein hacken. Sojasprossen waschen und abtropfen lassen. Limette aufschneiden.

Für die Sauce den Palmzucker in einer kleinen Pfanne erhitzen und unter ständigem Rühren karamellisieren lassen. 2 EL Wasser hinzufügen und umrühren, bis sich der Zucker auflöst. Dann die restlichen Zutaten dazugeben, gut vermischen und beiseitestellen.

Etwas Öl in einem Wok oder einer Pfanne erhitzen. Die Garnelen darin scharf anbraten. Herausnehmen, zur Seite stellen und im Garnelenöl den Tofu goldbraun braten. Anschließend den Tofu im Wok zur Seite schieben, wieder etwas Öl zugeben und die Schalotten anbraten. Getrocknete Shrimps und Rettich dazugeben. Umrühren und kurz weiterbraten. Dann die Reisnudeln hinzufügen und die Sauce darübergeben. Alles gut miteinander vermengen. Wieder zur Seite schieben und noch mal etwas Öl in den Wok geben. Die Eier aufschlagen, hineingeben, kurz stocken lassen, dann verquirlen, zerteilen und mit dem Rest vermischen. Ggf. etwas Wasser hinzufügen. Nun die Sojasprossen, einen Teil der klein gehackten Erdnüsse und des Knoblauch-Schnittlauchs dazugeben. Kurz weiterbraten. Zum Schluss noch die Garnelen hineingeben, nochmals umrühren und gut vermischen.

Zum Servieren zuerst eine Portion Nudeln auf den Teller geben und ein paar Garnelen darauflegen. Separat daneben jeweils Erdnüsse, Chiliflocken, ein Stück Limette sowie ein paar extra Sojasprossen und Knoblauch-Schnittlauch anrichten. Alles beim Essen nach Bedarf mischen.

Xians Videoanleitung für
das Rezept auf YouTube unter
bit.ly/40mZfoX

VORBEREITUNGSZEIT 20 MINUTEN

KOCHZEIT 25 MINUTEN

KHAO THOM MAD

20 STÜCK

Klebreis im Bananenblatt

Khao Thom Mad ist eine traditionelle Süßspeise aus der thailändischen Küche, bei der die Zutaten in ein Bananenblatt gewickelt werden. Serviert werden die Päckchen gern auf Hochzeiten, da sie ein Symbol für Paare sind, denn es sind jeweils zwei Päckchen zusammengebunden. Auch als Frühstück oder Snack für zwischendurch schmecken sie köstlich und sind gut sättigend.

ZUTATEN

500 g Klebreis
100 g schwarze Bohnen (Dose)
20 Bananenblätter
(10 x 20 cm, tiefgekühlt,
aus dem Asia-Supermarkt)
20 Bananenblätter
(20 x 25 cm, tiefgekühlt,
aus dem Asia-Supermarkt)
250 g Kokosmilch
5 reife Thai-Bananen
(Babybananen)
Salz
150 g Zucker

INFO

Wenn ihr getrocknete Bohnen verwendet, diese zuerst waschen, mind. 2 Stunden in Wasser einweichen, abgießen und dann 30 Minuten in Wasser kochen.

ZUBEREITUNG

Klebreis zwei- bis dreimal gründlich waschen, bis das Wasser nicht mehr trüb ist. Dann in Wasser mind. 2 Stunden einweichen. Das Wasser abgießen und den Reis abtropfen lassen. Bohnen mit Wasser abspülen und ebenfalls abtropfen lassen. Bananenblätter mit warmem Wasser waschen, abtrocknen und zuschneiden.

Die Kokosmilch in einen Wok oder eine Pfanne geben und den Reis hinzufügen. Bei mittlerer Hitze unter ständigem Rühren 2–3 Minuten köcheln lassen, bis der Reis die Kokosmilch komplett aufgesogen hat und keine Flüssigkeit mehr zu sehen ist. Dann ½ TL Salz und den Zucker hinzufügen und weiterköcheln lassen, bis der Reis leicht durchsichtig wird, dabei immer vorsichtig umrühren. Den Herd ausschalten und abkühlen lassen.

In der Zwischenzeit die Bananen schälen und längs vierteln.

Jeweils ein großes und ein kleines Bananenblatt mittig übereinanderlegen, mit der glänzenden und schönen Seite nach außen. Zuerst ein paar schwarze Bohnen in die Mitte des kleinen Blattes geben, darauf 1 EL Reis flach verteilen, dann ein Stück Banane auf den Reis legen und anschließend 1 EL Reis daraufgeben. Wieder ein paar Bohnen drauflegen und das Bananenpäckchen fest verschließen. Dabei zuerst die Seiten zur Mitte hin einschlagen und dann oben und unten zusammenfalten. Immer paarweise mit Küchengarn fest zusammenbinden. Alle Päckchen im Dampfgarer oder einem Topf mit Dämpfeinsatz über kochendem Wasser ungefähr 30 Minuten dämpfen. Danach die Päckchen etwas abkühlen lassen, auspacken und mit den Händen essen.

VORBEREITUNGSZEIT 2 STUNDEN

ZUBEREITUNGSZEIT 1,5 STUNDEN

VIETNAM

Vietnamesisches Essen zeichnet sich durch einen frischen und leichten Geschmack aus. Mit vielen Kräutern, Gewürzen und Gemüse gilt die vietnamesische Küche als eine der gesündesten der Welt.

VIETNAMESISCHE *Sommerrollen*

12 STÜCK

Die Frühlingsrolle für den Sommer ist in jeder Jahreszeit ein Gaumenschmaus. Das vietnamesische Fingerfood ist auch hierzulande eine beliebte Vorspeise und bestens geeignet für Partys oder ein Picknick im Freien. In das Reispapier werden häufig Garnelen, Gemüse und viele Kräuter eingerollt. Der Kreativität sind aber keine Grenzen gesetzt, es gibt viele Kombinationsmöglichkeiten!

ZUTATEN

1 Zwiebel
1 daumengroßes Stück frischer Ingwer
300 g Schweinebauch
Salz
100 g dünne Reisnudeln (Bun Gao)
½ Kopfsalat (alternativ 1 Romanasalat)
½ Bio-Salatgurke
1 Bund Minze
1 Bund Thai-Basilikum
1 Bund Koriandergrün
18 Garnelen (roh, mit Schale)
12 Reispapierblätter

FÜR DEN NUOC-CHAM-DIP

1 ½ EL Zucker
3 EL frischer Limettensaft
1 EL Reisessig
50 ml warmes Wasser
50 ml Fischsauce
2 klein gehackte Knoblauchzehen
1 fein gewürfelte rote Thai-Chilischote

FÜR DEN HOISIN-ERDNUSS-DIP

3 EL Hoisin-Sauce
1 EL Erdnussbutter
2 EL warmes Wasser
1 TL Zucker
2 TL Reisessig
2 TL Sriracha-Sauce (nach Belieben)
1 fein geriebene Knoblauchzehe
2 TL klein gehackte, geröstete Erdnusskerne zum Garnieren

ZUBEREITUNG

Zwiebel schälen, halbieren und Ingwer in Scheiben schneiden. Beides mit dem Schweinebauch und 1 Prise Salz in einen Topf mit Wasser geben. Zugedeckt ca. 20 Minuten kochen.

Die Reisnudeln mit heißem Wasser übergießen und zugedeckt einweichen. Die Salatblätter waschen, trocken schütteln, harte Blattrippen entfernen und in Stücke reißen. Gurke waschen und in feine Stifte schneiden. Die Blätter von Minze und Thai-Basilikum von den Stängeln zupfen, Koriander grob zerkleinern. Für die Dips alle Zutaten jeweils separat miteinander vermischen. Vom fertig gekochten Schweinebauch die Schwarte abschneiden und das Fleisch in sehr dünne Scheiben schneiden. Den Fleischsud noch mal erhitzen und darin die Garnelen kurz kochen, bis sie ihre Farbe ändern. Anschließend schälen und halbieren. Die Nudeln abtropfen lassen und eine Schüssel warmes Wasser bereitstellen.

Nun geht es ans Rollen! Dafür jeweils ein Reispapierblatt kurz durch das warme Wasser ziehen, warten, bis es weich wird, und mit allen Zutaten belegen. Dabei einige Zutaten so übereinanderlegen, dass sie den Rest nicht komplett verdecken und die Füllung besser durchscheint. Fangt im unteren Drittel an und arbeitet euch nach oben. Zuerst ein paar Salatblätter, dann etwas Reisnudeln, darüber ein paar Gurkenstifte und 2–3 Fleischscheiben. Anschließend 3 halbe Garnelen ganz oben nebeneinander positionieren und zum Schluss die Kräuter nach Belieben darauf verteilen. Die linke und rechte Seite einklappen und fest zusammenrollen.

Die Sommerrollen auf einen Teller oder eine Servierplatte legen und mit den Dips servieren. Alternativ könnt ihr die Rollen einmal in der Mitte schräg aufschneiden und aufrecht hinstellen. Oder ihr stellt alle Zutaten auf den Tisch und lasst eure Gäste selbst rollen, das macht auch viel Spaß!

TIPP

Belegt die Sommerrollen nach eurem persönlichen Geschmack. Seid ruhig mutig und probiert auch andere Fleisch- und Gemüsesorten aus! So findet ihr neue Lieblingskombinationen! Es lassen sich auch ganz leicht vegetarische Varianten davon herstellen, z. B. mit Tofu als Proteinquelle.

ZUBEREITUNGSZEIT 1 STUNDE

BÁNH TRÁNG TRÔN

2 PORTIONEN

Reispapier-Salat

Bánh Tráng Trôn ist ein Streetfood-Klassiker und wird in Vietnam beutelweise verkauft. Dieser ganz besondere Salat hat vielleicht ein paar untypische Zutaten, ist aber voller Umami und auf jeden Fall einen Versuch wert!

ZUTATEN

1 Schalotte
2 Knoblauchzehen
1–3 rote Thai-Chilischoten (nach Belieben)
Rapsöl zum Braten
10 Reispapierblätter
½ grüne Mango
50 g frischer vietnamesischer Koriander
50 g vietnamesisches Beef Jerky (aus dem Asia-Supermarkt)
10 g kleine getrocknete Shrimps
40 g geröstete, ungesalzene Erdnusskerne
2 EL Röstzwiebeln
3 EL Fischsauce
2 TL Zucker
1 Limette

TIPP

In Vietnam kommen noch Wachteleier in das Gericht. Gern könnt ihr stattdessen 2 hart gekochte Hühnereier vierteln und zum Schluss untermischen.

ZUBEREITUNG

Schalotte schälen und in Streifen schneiden. Knoblauch schälen und klein hacken. Chilis putzen, waschen und fein schneiden. In einer kleinen Pfanne ca. 3 EL Öl erhitzen und alles darin bei mittlerer Hitze unter Rühren anbraten, bis Knoblauch und Zwiebel leicht goldbraun werden und sich das Öl rot gefärbt hat.

Nun ein paar Reispapierblätter übereinanderlegen und mit einer Schere in 1–2 cm dicke Streifen schneiden. Mango schälen und in sehr dünne Streifen schneiden oder mithilfe eines Julienneschneiders in Streifen schälen. Korianderblätter waschen, trocken schütteln, abzupfen und grob zerkleinern. Falls nötig, Beef Jerky mit den Fingern in dünne Streifen reißen.

Reispapierstreifen, Mangostreifen, Koriander, Beef Jerky, getrocknete Shrimps, Erdnüsse und Röstzwiebeln in eine große Schüssel geben. Dann das selbst gemachte Chiliöl, Fischsauce und Zucker dazugeben. Zum Schluss noch die Limette ein paarmal hin- und herrollen, halbieren und den Saft dazupressen. Alles gut vermischen, sodass die Reispapierstreifen sich mit dem Dressing vollsaugen und weich werden. Frisch servieren.

ZUBEREITUNGSZEIT 40 MINUTEN

PHỞ BÒ

3 PORTIONEN

Pho ist Vietnams Nationalgericht und existiert in vielen Versionen. Die traditionelle Suppe aus breiten Reisnudeln wird zu jeder Tageszeit gerne gegessen, egal ob zum Frühstück, Mittag- oder Abendessen. Man findet sie an jeder Straßenecke in Hanoi und ihr Duft durchströmt die ganze Stadt. Die kräftige Brühe wird über eine lange Zeit gekocht und verleiht so der Suppe ihren besonderen und intensiven Geschmack.

ZUTATEN

500 g Markknochen vom Rind
500 g Ochsenschwanz
600 g Rinderbug
Salz
½ EL Zucker
1 ½ große Zwiebeln
1 großes Stück frischer Ingwer
3 Sternanis
1 Zimtstange
2 schwarze Kardamomkapseln
1 Handvoll Fenchelsamen
2 Gewürznelken
3 EL Fischsauce
200 g breite Reisnudeln
3 Lauchzwiebeln
1 Limette
120 g Mungobohnensprossen (alternativ Sojasprossen)
200 g Hüftsteak oder Rinderfilet (nach Belieben)
1 Bund vietnamesischer Koriander (alternativ Koriandergrün)
1 Bund Thai-Basilikum
gemahlener schwarzer Pfeffer
Sriracha-Sauce
Hoisin-Sauce

TIPP

Wer es richtig scharf mag, kann auch zusätzlich frische Chilis klein schneiden und über die Suppe streuen.

Für eine vegetarische Pho könnt ihr Gemüsebrühe verwenden, anstatt Fischsauce Sojasauce nehmen und das Gericht noch mit gebratenen Tofuscheiben verfeinern.

ZUBEREITUNG

Markknochen und Ochsenschwanz in einem Topf mit Wasser 5–10 Minuten kochen, bis kein Schaum mehr entsteht. Abgießen, Knochen abspülen, Topf reinigen. Alles wieder in den Topf legen, Rinderbug dazugeben. Erneut mit Wasser auffüllen und aufkochen. Den dabei entstandenen Schaum abschöpfen.

Hitze reduzieren und ½ EL Salz sowie Zucker dazugeben. 1 Zwiebel schälen, halbieren, Ingwer schälen und in Scheiben scheiben. Beides ohne Öl in einer Pfanne rösten und zur Brühe geben. Gewürze in der Pfanne rösten, in eine Gewürzkugel oder einen Teebeutel füllen. Zur Brühe geben. Das Ganze 2 Stunden offen köcheln lassen. Danach das Fleisch herausnehmen und in kaltes Wasser legen. Zwiebel entfernen. Brühe mit Fischsauce, Salz und Zucker abschmecken. Brühe mind. 1 Stunde bei niedriger Hitze offen weiterköcheln lassen, gern auch über Nacht.

Reisnudeln ca. 20 Minuten in heißem Wasser einweichen. Die übrige ½ Zwiebel schälen, in dünne Streifen schneiden. Lauchzwiebeln putzen, waschen, den grünen Teil in feine Ringe schneiden, den weißen ganz lassen. Limette in Stücke schneiden. Mungobohnensprossen mit heißem Wasser übergießen, gründlich waschen. Fleisch aus dem Wasser nehmen, in dünne Scheiben schneiden. Rohes Hüftsteak nach Belieben ebenfalls in dünne Scheiben schneiden. Vor dem Servieren Reisnudeln noch mal 2 Minuten in Wasser aufkochen, mit kaltem Wasser abschrecken.

Fertig gekochte Brühe durch ein feines Sieb gießen, erneut aufkochen. Reisnudeln in eine Schüssel geben, Zwiebelstreifen, 3–4 Scheiben vom gekochten Fleisch und 2–3 Scheiben vom rohen Fleisch drauflegen. Heiße Brühe darübergießen, 1 Handvoll Lauchzwiebeln, Mungobohnensprossen sowie etwas Koriander und Thai-Basilikum darauf verteilen.

Mit Pfeffer, Limettenstücken, Sriracha-Sauce und Hoisin-Sauce servieren. Gewürze und Saucen je nach Geschmack in die Nudelsuppe geben.

Xians Videoanleitung für das Rezept auf YouTube unter
bit.ly/4hq2lQ5

ZUBEREITUNGSZEIT 4 STUNDEN

BÚN CHA

4 PORTIONEN

Dieses leckere vietnamesische Gericht stammt aus Hanoi und besteht aus gegrilltem Schweinefleisch, Reisnudeln, Gemüse, Salat und Kräutern. Bún Cha ist recht einfach zuzubereiten und ist für mich Essen für die Seele.

ZUTATEN

500 g Schweinebauch
4 Schalotten
4 Knoblauchzehen
500 g Schweinehackfleisch
4 EL Fischsauce
2 EL Austernsauce
6 EL Karamellsauce (alternativ Honig)
1 TL gemahlener weißer Pfeffer
1 Möhre
1 Kohlrabi
Salz
2 TL Zucker
3 EL Reisessig
½ Kopfsalat (alternativ 1 Romanasalat)
1 Bund Minze
1 Bund Koriandergrün
200 g dünne Reisnudeln (Bun Gao)

FÜR DIE SAUCE

100 g Zucker
5 EL frischer Limettensaft
500 ml warmes Wasser
120 ml Fischsauce
3 klein gehackte Knoblauchzehen
2 fein gewürfelte rote Thai-Chilischoten

TIPP

Die Karamellsauce könnt ihr auch ganz leicht selbst herstellen. Dafür zuerst Zucker langsam erhitzen und unter ständigem Rühren karamellisieren lassen. Dann die gleiche Menge an heißem Wasser dazugeben und das Karamell darin auflösen. Weiterrühren, bis eine dickflüssige dunkelbraune Sauce entsteht. Abkühlen lassen. Danach könnt ihr die Sauce in eine Flasche füllen und immer wieder verwenden.

ZUBEREITUNG

Den Schweinebauch in dünne ca. 4 x 6 cm große Scheiben schneiden. Schalotten schälen und fein würfeln. Knoblauch schälen und fein reiben oder klein hacken.

Schweinebauch und Hackfleisch in zwei separate Schüsseln geben, Schalotten und Knoblauch jeweils zur Hälfte dazugeben und jeweils mit 2 EL Fischsauce, 1 EL Austernsauce, 3 EL Karamellsauce und ½ TL Pfeffer würzen. Alles jeweils gut vermengen und mind. 1 Stunde abgedeckt im Kühlschrank marinieren.

Möhre und Kohlrabi schälen, in dünne Stifte schneiden und mit 1 Prise Salz, Zucker und Reisessig vermischen. Die Salatblätter waschen, trocken schütteln und große Blätter zerteilen. Minzblätter abzupfen und Koriander grob durchschneiden. Alle Zutaten für die Sauce vermischen. Die Reisnudeln in kochendes Wasser legen und 5–6 Minuten darin bei mittlerer Hitze kochen. Durch ein Sieb abgießen und abtropfen lassen.

Den Schweinebauch auf einen Grill legen oder in einer Pfanne anbraten. Aus dem Hackfleisch kleine Bällchen formen und diese ebenfalls grillen oder anbraten. Alle Zutaten auf den Tisch stellen.

Zum Servieren schöpft jeder seine Schale voll mit Sauce und legt die Zutaten hinein, die er gerne essen möchte. Es empfiehlt sich, ein Stück Fleisch zusammen mit Salat, Gemüse, Kräutern und Reisnudeln zu essen. Alternativ könnt ihr auch alles in einer Bowl anrichten und die gewünschte Menge Sauce darübergeben.

ZUBEREITUNGSZEIT 100 MINUTEN

BÁNH MÌ

Vietnamesisches Sandwich

4 PORTIONEN

Bánh Mì ist Vietnamesisch für „Brot". Die Franzosen brachten in der Kolonialzeit das Baguette nach Vietnam und nach und nach ist daraus das vietnamesische Sandwich entstanden, mit all seinen asiatischen Aromen. Bánh Mì ist für mich das Sandwich aller Sandwiches, ein Streetfood-Klassiker und das perfekte Beispiel für eine gelungene kulinarische Kombination zweier Länderküchen.

ZUTATEN

1 Daikon-Rettich (Asia-Supermarkt)
2 Möhren
Salz
100 g Zucker
300 ml Reisessig
800 g Hähnchenschenkel
(ohne Haut, ohne Knochen,
alternativ Schweinenackensteak)
½ Bio-Salatgurke
½ Zwiebel
2–3 Jalapeños
(alternativ andere Chilisorten)
1 Bund Koriandergrün
4 vietnamesische Baguettes
(alternativ Mini-Baguettes)
Mayonnaise (nach Belieben)
4 EL Leberpastete (nach Belieben)

FÜR DIE MARINADE

2 Knoblauchzehen
gemahlener schwarzer Pfeffer
3 EL helle Sojasauce
2 EL Fischsauce
2 EL Hoisin-Sauce
4 EL Reissirup (alternativ Honig)
½ TL 5-Gewürze-Pulver

ZUBEREITUNG

Rettich und Möhren schälen, in ca. 8 cm lange Sticks schneiden, die Möhren etwas dünner als den Rettich. Mit 2 TL Salz mischen und 15 Minuten stehen lassen. Danach abspülen, abtropfen lassen und in einem Gemisch aus Zucker, Essig und 300 ml Wasser mind. 1 Stunde einlegen. Das eingelegte Gemüse könnt ihr auch schon 1 Tag vorher zubereiten.

Hähnchen in 2 Stücke schneiden. Für die Marinade die Knoblauchzehen schälen und fein reiben oder klein hacken. Mit etwas Pfeffer und den restlichen Zutaten vermischen. 1–2 EL von der Marinade abnehmen, beiseitestellen, den Rest zum Hähnchen geben und vermengen. Mind. 30 Minuten marinieren lassen.

Gurke waschen und in dünne Scheiben schneiden. Zwiebel schälen, halbieren und in dünne Streifen schneiden. Die Jalapeños putzen, waschen und in kleine Ringe schneiden. Koriander klein schneiden.

Den Grill oder die Grillpfanne erhitzen, mit etwas Öl bestreichen und das marinierte Hähnchen darauflegen. Beide Seiten goldbraun durchbraten. Inzwischen den Ofen auf 160 °C (Umluft) vorheizen und die Baguettes 4–5 Minuten im heißen Ofen backen. Wenn das Hähnchen fertig gebraten ist, kurz abkühlen lassen und dann in Streifen schneiden.

Das eingelegte Gemüse abtropfen lassen und alle Zutaten bereitstellen. Die Baguettes längs auf-, aber nicht durchschneiden, mit etwas Mayonnaise bestreichen. Nach Belieben 1 EL Leberpastete draufstreichen und je nach Geschmack ½–1 TL von der aufgehobenen Marinade daraufträufeln. Anschließend eine Schicht Gurken, das Hähnchenfleisch und etwas eingelegtes Gemüse darauflegen. Mit ein paar Zwiebelstreifen, Jalapeños und Koriandergrün abschließen. Zuklappen und servieren.

VORBEREITUNGSZEIT 1,5 STUNDEN

ZUBEREITUNGSZEIT 30 MINUTEN

BÁNH XÈO

5 STÜCK

Vietnamesische Crêpe

Bánh Xèo ist ein dünner, knuspriger, gefüllter Pfannkuchen aus Reismehl und ein beliebtes Streetfood in Vietnam. Bánh bedeutet „Kuchen" und Xèo beschreibt das Brutzelgeräusch, das entsteht, wenn der Teig in die heiße Pfanne gegossen wird. Traditionell wird das Gericht ohne Ei zubereitet, die gelbe Farbe entsteht durch Kurkuma.

ZUTATEN

FÜR DEN TEIG

180 g Reismehl
20 g Speisestärke, Salz
1 TL gemahlene Kurkuma
100 g Kokosmilch
100 ml Bier (alternativ Wasser mit Kohlensäure oder Kokosmilch)
1 Lauchzwiebel

FÜR DIE FÜLLUNG

200 g Schweinebauch
Salz, gemahlener schwarzer Pfeffer
½ TL Zucker
1 EL Fischsauce
1 Zwiebel
1 Möhre
160 g Mungobohnensprossen (alternativ Sojasprossen)
Rapsöl
200 g Garnelen (küchenfertig)

FÜR DEN NUOC-CHAM-DIP

70 g Zucker
5 EL frischer Limettensaft
2 EL Reisessig
100 ml warmes Wasser
100 ml Fischsauce
4 klein gehackte Knoblauchzehen
2 fein gewürfelte rote Thai-Chilischoten

AUSSERDEM

½ Kopfsalat
1 Bund Minze
1 Bund Perilla (Asia-Supermarkt)

ZUBEREITUNG

Reismehl, Stärke, 1 Prise Salz und Kurkuma in einer Schüssel mit einem Schneebesen verrühren. 400 ml Wasser, Kokosmilch und Bier hinzufügen, glatt verrühren. Die Lauchzwiebel putzen, waschen, den grünen Teil klein schneiden und dazugeben. Gut vermischen und 30 Minuten ruhen lassen.

Den Schweinebauch in dünne Scheiben schneiden, nach Belieben könnt ihr die Schwarte noch abschneiden. Mit 1 Prise Salz, Pfeffer, Zucker und Fischsauce marinieren. Zwiebel und Möhre schälen, beides in dünne Streifen schneiden. Mungobohnensprossen waschen und abtropfen lassen. Salatblätter waschen und trocken schütteln. Bei den Kräutern die Blätter abzupfen. Für den Dip alle Zutaten miteinander verrühren.

½ TL Öl in einer großen, flachen Pfanne erhitzen und über die ganze Fläche verteilen. Etwas Zwiebel, ein paar Fleischscheiben und ein paar Garnelen hineinlegen. Einen Streifen in der Mitte frei lassen (hier wird der Pfannkuchen später zusammengeklappt). Alles beidseitig goldbraun anbraten. 1 Kelle Teig hineingießen und dabei die heiße Pfanne kreisförmig schwenken, um so den Teig gleichmäßig und dünn über die ganze Fläche zu verteilen. Auch ein Teil des Pfannenrandes sollte bestenfalls mit Teig bedeckt sein. Nach ca. 1 Minute den Herd auf mittlere Hitze schalten, ein paar Möhrenstreifen und 1 Handvoll Sprossen auf eine Seite des Pfannkuchens legen. Zugedeckt 2–3 Minuten weiterbraten. Wenn die untere Seite knusprig und goldbraun geworden ist, den Pfannkuchen in der Mitte zusammenklappen, 1 weitere Minute in der Pfanne lassen. Bei den weiteren Pfannkuchen genauso verfahren.

Pfannkuchen mit Salat, Kräutern und Dip auf einer Platte servieren. Beim Essen ein Stück vom Pfannkuchen abreißen oder einmal in der Mitte durchschneiden, auf ein Salatblatt legen, ein paar Kräuter darüberstreuen, einwickeln und in den Dip tauchen.

VORBEREITUNGSZEIT 45 MINUTEN

KOCHZEIT 35 MINUTEN

CHẢ CÁ
Lã Vong

3-4 PORTIONEN

Cha Cá Lã Vong ist eines der bekanntesten Gerichte Hanois. Es gibt sogar eine Straße, die danach benannt wurde. Traditionell wird der in Galanga und Kurkuma marinierte Fisch zuerst über Holzkohle gegrillt und dann noch mal frittiert. Für zu Hause könnt ihr die Fischstücke auch einfach direkt in der Pfanne zubereiten.

ZUTATEN

500 g Tilapiafilet
(alternativ Lengfisch, Wels, Pangasius, Wolfsbarsch oder Seeteufel)
1 daumengroßes Stück Galanga
(alternativ frischer Ingwer)
gemahlener schwarzer Pfeffer
1 TL gemahlene Kurkuma
1 TL Mam Tom (fermentierte Garnelenpaste, alternativ Fischsauce)
2 TL Reismehl
(alternativ Speisestärke)
4 Lauchzwiebeln
100 g frischer Dill
200 g dünne Reisnudeln (Bun Gao)
Rapsöl zum Braten
50 g geröstete, ungesalzene Erdnusskerne

FÜR DEN DIP

2 EL Mam Tom (fermentierte Garnelenpaste, alternativ Fischsauce)
1 EL Zucker
Saft von 1 Limette
1 TL klein gehackte Knoblauchzehe
1 TL klein geschnittene Chilischote

ZUBEREITUNG

Den Fisch in ca. 4 x 8 cm große Stücke schneiden. Die Galangawurzel schälen, fein reiben oder in einem Mörser zerstoßen und zum Fisch geben. Etwas Pfeffer, Kukurma, Garnelenpaste und Reismehl hinzufügen. Alles gut vermengen und mind. 2 Stunden abgedeckt im Kühlschrank marinieren.

Die Lauchzwiebeln putzen, waschen und in ca. 6 cm lange Stücke schneiden. Dill ebenfalls in der Größe klein schneiden. Für den Dip alle Zutaten miteinander vermischen. Die Reisnudeln in kochendes Wasser legen und 5–6 Minuten bei mittlerer Hitze kochen, das Wasser abgießen und Nudeln abtropfen lassen.

Eine Pfanne erhitzen und den Boden 1 cm hoch mit Öl bedecken. 1 EL vom heißen Öl über den Dip gießen, dann die marinierten Fischstücke in die Pfanne legen. Bei mittlerer Hitze darin rundum knusprig braten. Lauchzwiebeln und Dill dazugeben und kurz mitbraten.

Reisnudeln in die Schüsseln geben, je ein Stück Fisch mit Lauchzwiebeln und Dill dazulegen, einige Erdnüsse darüberstreuen und Dip je nach Geschmack dazugeben.

VORBEREITUNGSZEIT 130 MINUTEN

ZUBEREITUNGSZEIT 12 MINUTEN

XÔI GÀ

4 PORTIONEN

Xôi Gà ist ein typisches vietnamesisches Gericht aus Klebreis und Hähnchenfleisch. Die Zubereitung ist einfach und das Gericht wird zu jeder Tageszeit gerne gegessen.

ZUTATEN

400 g Klebreis
500 g Hähnchenbrustfilet
½ Zwiebel
Rapsöl
Koriandergrün zum Garnieren
4 EL Röstzwiebeln

FÜR DIE SAUCE

2 EL helle Sojasauce
1 EL dunkle Sojasauce
1 EL Austernsauce
½ TL gemahlener schwarzer Pfeffer
3 TL Zucker

ZUBEREITUNG

Klebreis zwei bis dreimal gründlich waschen, bis das Wasser nicht mehr trüb ist. Dann in Wasser mind. 2 Stunden einweichen. Das Wasser abgießen und den Reis abtropfen lassen.

Das Hähnchenbrustfilet in einen Topf mit Wasser geben und 15 Minuten köcheln lassen. Wasser nicht wegschütten!

Nun den Klebreis in einem Reiskocher oder einem Topf mit einem Reis-Wasser-Verhältnis von 1:1,25 kochen (siehe Tipp S. 11). Anstelle des Wassers verwendet ihr die Brühe, in dem das Hähnchen gekocht wurde.

Das abgekühlte Hähnchenfleisch mit der Hand in dünne Streifen zupfen. Alle Zutaten für die Sauce miteinander vermischen und zum Hähnchen geben. Gut miteinander vermengen, sodass die Sauce gleichmäßig verteilt wird. Die Zwiebel schälen, halbieren und in dünne Streifen schneiden.

Einen Schuss Öl in einer Pfanne erhitzen. Die Zwiebel darin leicht goldbraun anbraten. Dann das Hähnchenfleisch hinzufügen und ca. 6 Minuten bei mittlerer Hitze anbraten, anschließend noch mal bei hoher Hitze 1–2 Minuten weiterbraten.

Zuerst eine Portion Klebreis auf einen Teller geben, dann das Hähnchenfleisch darauf verteilen. Zum Schluss etwas Koriander und Röstzwiebeln darüberstreuen.

VORBEREITUNGSZEIT 2 STUNDEN

ZUBEREITUNGSZEIT 30 MINUTEN

CÀ PHÊ TRÚNG

Zubereitungszeit 15 Minuten

Vietnamesischer Eierkaffee

2 PORTIONEN

Süßer Kaffee zum Nachtisch? Bitteschön! Cà Phê Trúng ist eine vietnamesische Kaffeespezialität und für mich auch eher Dessert als Getränk. Die Kombination aus Kaffee und Eierschaum ist vielleicht ungewöhnlich, aber echt lecker!

ZUTATEN

160 ml vietnamesischer Kaffee
(alternativ Espresso oder starker Kaffee)
3 frische Eier (Größe L, Raumtemperatur)
1 EL Vanillezucker
3 EL gezuckerte Kondensmilch

ZUBEREITUNG

Den Kaffee zubereiten.

Eier trennen. Das Eigelb zusammen mit Zucker schaumig schlagen, langsam die Kondensmilch hinzufügen und weiterschlagen, bis die Masse hellgelb und cremig geworden ist. Am besten einen Handmixer dafür verwenden und 7–10 Minuten auf höchster Stufe schlagen. Für mehr Stabilität könnt ihr die Masse auch über einem heißen Wasserbad (max. 80 °C) schaumig schlagen.

Jeweils 80 ml Kaffee in Gläser füllen und den Eierschaum darauf verteilen. Sofort servieren.

TIPP

Ihr könnt die Gläser vor dem Abfüllen heiß ausspülen, damit sie nicht platzen.

Das übrige Eiweiß kann im Kühlschrank bis zu 3 Tage aufbewahrt werden und z. B. zum Marinieren von Fleisch verwendet werden.

CHÈ THÁI

Vorbereitungszeit 1 Stunde
Zubereitungszeit 30 Minuten
Kühlzeit 1 Stunde

Vietnamesischer Obstcocktail

8–10 PORTIONEN

Noch ein weiteres leckeres Dessert-Getränk ist dieser bunte Obstcocktail. Chè Thái ist die vietnamesische Variante eines thailändischen Desserts, es ist einfach zuzubereiten und schmeckt sehr erfrischend, besonders im Sommer.

ZUTATEN

100 g bunte Lotus-Tapiokastreifen oder -würfel
1 Dose grünes Grasgelee
je 1 Dose Jackfrucht, Palmensamen und Lychees in Sirup (Asia-Supermarkt, alternativ frisches Obst)
1 Glas Nata de Coco (Kokosnussgelee in Stücken)
400 g Kokosmilch
Crushed Ice

ZUBEREITUNG

Die Tapiokastreifen 1 Stunde in Wasser einweichen. In kochendes Wasser geben und darin ca. 25 Minuten kochen. Ab und zu umrühren.

Das Grasgelee in Streifen schneiden. Die Jackfrucht abgießen, abtropfen lassen und in Streifen schneiden. Die Palmensamen abgießen, abspülen, abtropfen lassen und klein schneiden. Die Lychees abgießen, dabei den Sirup auffangen, abtropfen lassen und Lychees klein würfeln. Kokosnussgelee-Stücke abtropfen lassen. Die gekochten Tapiokastreifen in Eiswasser abschrecken und abtropfen lassen. Alle Zutaten in eine große Schüssel geben, die Kokosmilch und Lychee-Sirup dazugeben und umrühren.

Am besten Chè Thái vor dem Servieren mind. 1 Stunde in den Kühlschrank stellen. In Gläser füllen und etwas Crushed Ice draufgeben. Mit Strohhalm und einem kleinen Löffel servieren.

REGISTER

ÜBER DIE
AUTORIN

Xian ist eine kochbegeisterte Influencerin mit chinesischen Wurzeln. Auf ihrem YouTube-Kanal „yamyamfoods" teilt sie bereits seit acht Jahren regelmäßig ihre Leidenschaft für Rezepte aus ganz Asien mit ihrer Community – einfach, für jedermann verständlich und auf den Punkt gebracht. Von chinesischen Teigtaschen über japanische Ramen bis hin zum koreanischen Kimchi – hier kommt garantiert jeder Asia-Fan auf seine Kosten!

NOCH MEHR

GENUSS

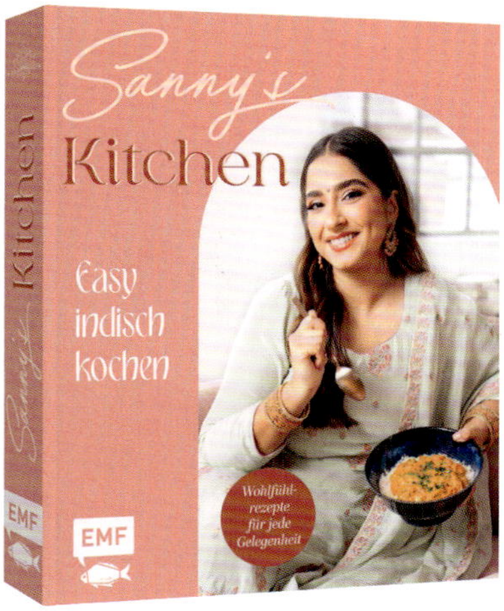

Sanny's Kitchen – Easy indisch kochen
€ 30,00 (D), € 30,90 (A)
ISBN 978-3-7459-1452-8

We will WOK you! – 70 asiatische Rezepte, die den Gaumen rocken
€ 15,00 (D), € 15,50 (A)
ISBN: 978-3-96093-682-4

Korea – Das vegane Kochbuch
€ 42,00 (D), € 43,20 (A)
ISBN 978-3-7459-1349-1

Lass kochen! Mit Keladam's Kitchen
€ 25,00 (D), € 25,70 (A)
ISBN 978-3-7459-1564-8

IMPRESSUM

Bibliografische Information der Deutschen Bibliothek.

Die Deutsche Bibliothek verzeichnet diese Publikation in der Deutschen Nationalbibliografie.
Detaillierte bibliografische Daten sind im Internet über http://www.dnb.de/ abrufbar.

Bei Fragen zur Produktsicherheit wenden Sie sich an

Edition Michael Fischer GmbH
Kistlerhofstr. 70
81379 München
kontakt@emf-verlag.de

EIN BUCH DER EDITION MICHAEL FISCHER

2. Auflage 2025

Cover- und Layoutgestaltung: Suparada Ströbel, Mirjam Höschl
Lektorat: Diana Jedrzejewski, Isabell Stegmeier, Andrea Flor, Johanna Ederer
Bildnachweis:
Rezeptfotografie: © Sabrina Sue Daniels, Frankfurt am Main
Illustrationen: © Happy Art/Shutterstock; © Raura7/Shutterstock; © Twin Design/Shutterstock; © Palau/Shutterstock; © ahmad bayu prastyo/Shutterstock; © danceyourlife/Shutterstock; © bazzier/Shutterstock; © Preeyavis Pringsulaka/Shutterstock; © Peratek Shutterstock; © Valedi/Shutterstock; © R-DESIGN/Shutterstock
Icons: © Mallinka1/Shutterstock; © Gate Out/Shutterstock; © Svetsol/Shutterstock
Landkarten: © Filip Bjorkman/Shutterstock; © LN.Vector pattern/Shutterstock; © mapsandphotos/Shutterstock; © Ruslan Maiborodin/Shutterstock; © Panitchon/Shutterstock; © DiegoMariottini/Shutterstock; © Melinda Nagy/Shutterstock; © GrooveZ/Shutterstock

ISBN 978-3-7459-2434-3

Gedruckt bei C&C Offset Printing Co., LTD., 14/F, C&C Building, 36 Ting Lai Road, Tai Po, N.T. Hong Kong, China

www.emf-verlag.de